| 第2部 フランスで楽しく会話するために ㊼ | 第4部 フランス語→日本語 単語集 ⑩⑨ |

| 第3部 日本語→フランス語 単語集 ㊽ |

| 文化 | 家・人 | トラブル | その他 |

デザート les desserts ㊽	体調・体 le corps ㊷	動詞・疑問詞 les verbes / l'interrogation ㊽

| 趣味 le passe-temps ㊿ | 病院 à l'hôpital ㊽ | 形容詞・副詞 les adjectifs / les adverbes ⑦⓪ |

| 映画 le cinéma ㊺ | トラブル les problèmes ㊻ | 人間関係 les relations ㊷ |

| スポーツ le sport ㊺ | | 生き物 les animaux ㊹ |

| 家の中 dans la maison ㊺ | | 住所を尋ねる les coordonnées ㊻ |

| 恋愛・結婚 l'amour / le mariage ㊺ |

第3版から
ページアイコンを掲載！
会話内容をより直観的に探しやすくなりました。

| ひとの性格 la personnalité ㊱ |

あいさつ｜移動｜数字買物｜時間｜食事｜文化｜家・人｜トラブル｜その他

この本のしくみ

第1部：指さして使う部分です

7ページから始まる第1部「本編」は会話の状況別に35に分けられています。指さして使うのはこの部分です。

イラストは実際の会話中に威力を発揮します

あわてている場面でもすぐに言葉が目に入る、会話の相手に興味を持ってもらう、この2つの目的でイラストが入れてあります。使いはじめるとその効果がわかります。

インデックスでページを探す

前ページにある目次は各見開きの右側にあるインデックスと対応しています。状況に応じて目次を開き、必要なページをインデックスから探してください。

ページからページへ

会話の関連事項の載っているページについては「→32ページ」等の表示があります。会話の話題をスムーズに続けるためにぜひ活用してください。

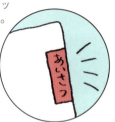

日本語の読みガナで話す

各単語には、できるだけ実際のフランス語の発音に近い読みガナがふってあります。強く発音すべきところには、印がつけてあります。まずは話してみること。何度も話すうちに、必ず発音はよくなります。

第2部：さらに楽しく会話するために

フランス語の言葉の基礎知識、対人関係のノリなど、旅でのコミュニケーションを深めるためのページです。フランスでの会話がさらにうまくいきます。

第3部・第4部：頼りになる 日→仏、仏→日各2500語の単語集

言葉がさらに必要になったら、単語集をめくってください。辞書形式で「日本語→フランス語」「フランス語→日本語」それぞれ約2500語をフォローしています。

裏表紙を活用するために水性ペンを用意しましょう。書いた文字をふきとれば何度でもメモ書きに使えます。

折り曲げて持ち歩きやすいように、本書は特別な紙を選んで使っています。

この本の特長とヒント

　このシリーズは、語学の苦手な人でもぶっつけ本番で会話が楽しめるように、ありとあらゆる工夫をしています。実際に使った方からは「本当に役に立った」というハガキをたくさんいただきます。友だちができた方、食事に招かれた方、旅行中に基本的な言葉を覚えた方……そんな方がたくさんいます。

　その土地の言葉で話そうとする人は歓迎されるもの。そして会話がはずめば、次々とおもしろい体験が押し寄せてきます。現地の人しか知らない「とっておきのおいしい店」や「最近の流行スポット」を教えてもらったり、そのときしか見られない催しに連れて行ってもらったり……、こういった体験は、おきまりの場所をたどる旅行より数十倍、数百倍おもしろいものです。

　では、どうすれば本書をそんなふうに使えるのか、そのコツを紹介します。

① 相手をおもしろがらせる

　本書は、実際の会話の場面で話し相手に興味を持ってもらうための工夫がいたるところにされています。旅行中に便利な言葉はもちろん、フランスの人に"ウケる"ことも考えてつくられています。随所にちりばめられたイラストは相手の興味をひくきっかけになります。本書を持っているだけで、会話のきっかけが生まれるのです。

② 語学が苦手でもどんどん話せる

　「単語の暗記や文法が苦手だから、外国語はちょっと…」本書はそんな方にこそおすすめ。現地に着いたその瞬間から、フランス語を使い、確実に通じさせることができます。会話でいちばん大切なのはハート。それに本書をプラスすれば、自己紹介やお互いの家族の話など、ディープな会話までできるようになります。

③ 言葉はひとつひとつ選りすぐり

　本書で紹介する単語は、あらゆる旅行シーンを想定し、厳選に厳選を重ねたもの。どれも使い勝手のよい、生きた言葉です。

　ぜひ旅行の前に本書を眺めて、どのページにどんな表現が載っているのかを把握してみてください。いざ会話をしたいときに、スムーズに話すことができます。

④ 得意の言葉をつくる

　本書では、さまざまなシーン別に言葉が収録されています。そのなかから興味のあるジャンルを探し、話してみたい話題、好きな言葉を見つけてみましょう。実際に声に出して発音練習をしていくうちに、発音だけで通じる得意な言葉が生まれてきます。通じる楽しさ、語彙が増える楽しさを、ぜひ実感してください。

Chers amis français,

J'imagine que vous voyez des japonais partout,comme la personne en face de vous.
Comment vous sentez-vous face à eux?...Un peu bizarre? A moins que ce soit eux les extra-terrestre?
Mais,croyes-moi. Ils adorent votre pays, la France, votre culture ,votre langue, et vous-même.
C'est pour découvrir tout cela qu'ils ont pris l'avion pendant plus de 12heures, pour venir à votre rencontre!!
Peut-être sont-ils un peu timides?!
Comment arriver à communiquer?
Ce livre a été élaboré pour les aider à communiquer et à faire connaissance avec le peuple français.
Amis français , prenez ce livre et, simplement, montrez les mots que vous voulez dire.
Vous serez surpris par leur gentillesse et leur envie de découverte.
Et un jour ,venez nous rendre visite au Japon avec ce livre et communiquez avec les japonais.
Vous vous sentirez comme chez vous.

Akiko OHAZAMA

親愛なるフランスの皆さまへ

今、あなたの目の前にいるように、あっちこっちで日本人を見かけると思います。
彼らのことをどう思いますか。ちょっと変ですか。なんだか不可解ですか。
でも、彼らはあなたの国、フランスの文化、言葉、すべてを心から愛しています。本当です。
だからこそ、12時間以上も飛行機に乗って、ここまで、あなたに会いに来ているのです。
たぶん、彼らはちょっと恥ずかしがりやなのかもしれません（どうやって話したらいいのか……）。
この本はフランス人の皆さんと仲良くなっていろいろな話をするお手伝いのためのものです。
親愛なるフランスの皆さん、この本を手にとって、思ったことを指さしてみてください。きっと日本人がどれほどやさしくて、フランスのことを知りたがっているかわかると思います。
そして、いつか、この本を手に日本に来て、指さしながら日本人とお話してください。
きっと、我が家にいるような歓迎を受けるはずです。

大峡晶子

「旅の指さし会話帳」本編

La langue française
Parlons-nous

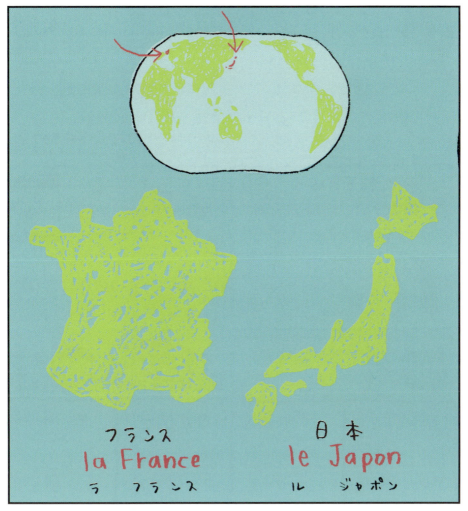

空港 → 宿 de l'aéroport à l'hôtel
ドゥ ラェロポール アロテル

～はどこですか？
Où — est ～（単数）?
ウ   エ
    sont ～（複数）?
    ソン

トイレ
sont les toilettes?
ソン レ トワレットゥ

警察
est la police?
エ ラ ポリス

入口
est l'entrée?
エ ラントレ

出口
est la sortie?
エ ラ ソルティ

駅
est la station?
エ ラ スタスィオン

タクシー乗り場
est la station de taxis?
エ ラ スタスィオン ドゥ タクスィ

～に行きたい
Je voudrais aller — à ～
ジュ ヴドゥレ アレ   ア
           au ～
           オ

チケット売場
au guichet
オ ギシェ

インフォメーション
à l'information
ア ランフォルマスィオン

～で

地下鉄で	バスで	タクシーで	歩いて
en métro	en bus	en taxi	à pied
アン メトロ	アン ビュス	アン タクスィ	ア ピエ

8

あいさつ　la salutation
ラ サリュタスィオン

おはようございます。こんにちは	こんばんは
Bonjour ボン ジュール	**Bonsoir** ボン ソワール

おやすみなさい	親しい友達へ (会った時も別れる時も)	初めまして
Bonne nuit ボンヌ ニュイ	**Salut** サリュ	**Enchanté(e)** アン シャンテ

お元気ですか？ / 元気です。ありがとう

Comment コマン **allez-vous?** アレ ヴ → **Je vais bien merci** ジュ ヴェ ビアン メルスィ

vas-tu? ヴァ トゥ (友達に)

(友達や親しい人へ) **Ça va ?** サ ヴァ → **Ça va bien merci** サ ヴァ ビアン メルスィ

あなたは？ **Et vous?** エ ヴ

(親しい人へ) **Et toi?** エ トワ

まあまあです **Pas mal** パ マル

さようなら	また 近いうちに
Au revoir オ ルヴォワール	**À bientôt** ア ビアント

ありがとう	どういたしまして
Merci メルスィ	**Je vous en prie** ジュ ヴ ザン プリ

はい **Oui** ウィ

いいえ **Non** ノン

あいさつ

よい1日を **Bonne journée** ボンヌ ジュルネ

よい旅を **Bon voyage** ボン ヴォワイヤージュ

よい休暇を **Bonnes vacances** ボンヌ ヴァカンス

あなたも **Vous aussi** ヴ オスィ

君も（親しい人に） **Toi aussi** トワ オスィ

おめでとうございます **Félicitations !** フェリスィタスィオン

お誕生日おめでとうございます **Bon anniversaire** ボン ナニヴェルセール

はい、お願いします **Oui, s'il vous plaît** ウィ スィル ヴ プレ

いりません、結構です **Non, merci** ノン メルスィ

わかりました **D'accord** ダコール

もちろん **Bien sûr** ビアン スュール

ごめんなさい **Excusez-moi** エクスキュゼ モワ

失礼* **Pardon** パルドン

移動 / 数字 買物 / 時間 / 食事 / 文化 / 家・人 / トラブル / その他

*何と言っているか聞き取れないときも Pardon? と言えばOK!

11

呼びかけ la communication
ラ コミュニカスィオン

（レストラン等でお願いするとき）
すみません、お願いします
S'il vous plaît
スィル ヴ プレ

・S'il vous plaît について・
何かを頼むとき、レストランで注文するとき、欲しいものの後につければ"お願いします"の意味になる便利な言葉。略語で **S.V.P.** と使います。

男の人へ ＊
Monsieur
ムスィユー

女の人へ ＊
Madame
マダム

若い女の人へ ＊
Mademoiselle
マドゥモワゼル

あの〜、すみません	よろこんで
Excusez-moi	**Avec plaisir**
エクスキュゼ モワ	アヴェック プレズィール

○○をフランス語で何と言いますか？
Comment on dit ○○ en français?
コマン オン ディ アン フランセ

🇯🇵 日本語で   🇺🇸 英語で
en japonais   **en anglais**
アン ジャポネ   アン ナングレ

もう一度言って下さい
Répétez, s'il vous plaît
レペテ スィル ヴ プレ

ゆっくり話して下さい
Parlez lentement, s'il vous plaît
パルレ ラントゥマン スィル ヴ プレ

＊ S'il vous plaît. / Excusez-moi. など声をかけたあと、monsieur/madame とつけたほうが丁寧。madame は既婚の女性に、mademoiselle は未婚の女性に。

これは何ですか？ **Qu'est-ce que c'est?** ケ スク セ	これは〜です **C'est 〜** セ 
 知りません **Je ne sais pas** ジュ ヌ セ パ	わかりません **Je ne comprends pas** ジュ ヌ コンプラン パ

呼びかけ

承知しました **D'accord** ダコール	もちろん **Bien sûr** ビアン スュール 

写真を 一枚／何枚か 撮ってもいいですか？ **Puis-je prendre une photo?** プイ ジュ プランドゥル ユヌ フォト **des photos?** デ フォト あなたと **avec vous** アヴェック ヴ 	禁止です **C'est interdit** セ タンテルディ
	フラッシュ禁止です **Flash interdit** フラッシュ アンテルディ

 もしもし **Allô!** アロ	〜さんと話したいのですが **Je voudrais parler à 〜** ジュ ヴドゥレ パルレ ア

待って下さい **Attendez** アタンデ	やめて下さい **Arrêtez** アレテ

あいさつ｜移動｜数字買物｜時間｜食事｜文化｜家・人｜トラブル｜その他

自己紹介 la présentation
ラ プレザンタスィオン

私の名前は〇〇です
Je m'appelle 〇〇
ジュ マペル

あなたの名前は何ですか？
Comment vous appelez-vous ?
コマン ヴ ザプレ ヴ

名字 男
nom de famille
ノン ドゥ ファミーユ

ファーストネーム 男
prénom
プレノン

アキと呼んで下さい
Appelez-moi Aki
アプレ モワ アキ

（フランスで）何をしていますか？
Qu'est-ce que vous faites (en France) ?
ケ ス ク ヴ フェットゥ（アン フランス）

日本で
au Japon
オ ジャポン

私は〜です
Je suis 〜
ジュ スイ

学生です
étudiant(e)
エテュディアン(トゥ)

医者です
docteur
ドクトゥール

主婦です
femme au foyer
ファム オ フォワイエ

教師です
professeur
プロフェスゥール

会社員です
employé(e)
アンプロワイエ

日本語を話しますか？
vous parlez japonais ?
ヴ パルレ ジャポネ

フランス語を
français
フランセ

英語を
anglais
アングレ

少し
un peu
アン プ

何歳ですか？
Quel âge avez-vous ?
ケ ラージュ アヴェ ヴ

〇歳です
J'ai 〇 ans
ジェ アン

あいさつ / la présentation

14

自己紹介

どこの出身ですか？ →フランス P16
D'où venez-vous ?
ドゥ ヴネ ヴ

私は～から来ました
Je viens de ～
ジュ ヴィアン ドゥ

私は～に住んでいます（に）
J'habite ← au ～ オ / en ～ アン / aux ～ オ
ジャビットゥ

私は～人です **Je suis ～**
ジュ スイ

日本人です
男 **Je suis japonais** ジュ スイ ジャポネ
女 **Je suis japonaise** ジュ スイ ジャポネーズ

日本 **au Japon**
＊ オ ジャポン
日本人 **japonais(e)**
＊＊ ジャポネ (-ズ)

フランス **en France**
アン フランス
フランス人 **française(e)**
フランセ (-ズ)

イギリス **en Angleterre**
アン ナングルテール
イギリス人 **anglais(e)**
アングレ (-ズ)

アメリカ **aux Etats-Unis**
オ ゼタ ズュニ
アメリカ人 **américain(e)**
アメリカン (アメリケーヌ)

あいさつ｜移動｜数字 買物｜時間｜食事｜文化｜家・人｜トラブル｜その他

結婚しています
Je suis marié(e)
ジュ スイ マリエ

独身です
Je suis célibataire
ジュ スイ セリバテール

娘がひとりいます
J'ai une fille
ジェ ユヌ フィーユ

息子がひとりいます
J'ai un fils
ジェ アン フィス

子供が3人います →数字 P32
J'ai trois enfants
ジェ トロワ ザンファン

＊国の前に au（国が男性名詞）、en（女性名詞）、aux（複数形）をつけて。　＊＊女性は（　）の部分をつけてください。

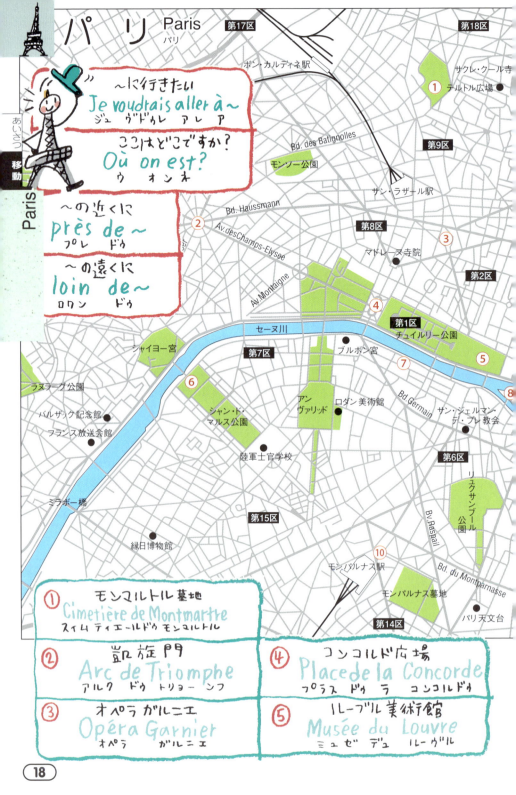

町を歩く en ville
アン ヴィル

~に行きますか
Vous allez à ~ ?
ヴ ザレ ア
au ~ ?
オ

~に行きたい
Je voudrais aller à ~
ジュ ヴドゥレ アレ ア
au ~
オ

駅へ	郵便局へ	バス停へ
à la gare ア ラ ガール	à la poste ア ラ ポストゥ	à l'arrêt d'autobus ア ラレ ドトビュス
公園へ au jardin オ ジャルダン	銀行へ à la banque ア ラ バンク	薬局へ à la pharmacie ア ラ ファルマスィ
警察へ à la police ア ラ ポリス	空港へ à l'aéroport ア ラエロポール	トイレへ aux toilettes オ トワレットゥ
カフェへ au café オ カフェ	デパートへ au grand magasin オ グラン マガザン	男 hommes オム 女 femmes ファム
美術館へ au musée オ ミュゼ	市場へ au marché オ マルシェ	スーパーへ au supermarché オ スュペル マルシェ

ここから遠いですか?
C'est loin d'ici?
セ ロワン ディスィ

| ここ | ici イスィ |
| そこ | par là パル ラ |

遠い loin ロワン

そば près プレ

となり à côté ア コテ

北 nord ノール
西 ouest ウェストゥ
東 est エストゥ
南 sud スュッドゥ

道に迷いました
Je me suis perdu(e)
ジュ ム スイ プルデュ

ここはどこですか
Où on est ?
ウ オン ネ

町を歩く

信号 男
feu
フ

交差点 男
carrefour
カルフール

移動 | 数字買物 | 時間 | 食事 | 文化 | 家・人 | トラブル | その他

〜をしたいです
Je voudrais 〜
ジュ ヴドゥレ

買い物
faire des courses
フェール デ クルス

切符を買う
acheter des billets
アシュテ デ ビエ

〜の家へ行く
aller chez 〜
アレ シェ

まっすぐに行って下さい
Allez tout droit
アレ トゥ ドロワ

曲がる
tourner
トゥルネ

戻る
retourner
ルトゥルネ

まっすぐ tout droit トゥ ドロワ
左 gauche ゴッシュ
右 droite ドロワットゥ
うしろに derrière デリエール

23

乗り物 les transports
レ トランスポール

| 地下鉄 | **Métro** メトロ |

Je cherche la station Opéra
ジュ シェルシュ ラ スタスィオン オペラ
（オペラ駅を探しています）

Un billet (Un passe Navigo Easy), s'il vous plaît
アン ビエ アン パス ナヴィ ゴー イージー スィル ヴ プレ
（切符を1枚（ナヴィ ゴー イージー のパスを）下さい）

| 乗り換え | CORRESPONDANCE コレス ポンダンス | 出口 | SORTIE ソルティ |

| タクシー | **Taxi** タクスィ |

Pourriez-vous m'appeler un taxi?
プリエ ヴ マプレ アン タクスィ
（タクシーを呼んで下さいませんか？）

À cette adresse, s'il vous plaît.
ア セッ タドレス スィル ヴ プレ
（この住所まで お願いします）

Déposez-moi ici, s'il vous plaît.
デポゼ モワ イスィ スィル ヴ プレ
（ここで降ろして下さい）

| バス | **Autobus** オトビュス |

Quel est le bus pour la Gare de l'Est ?
ケ レ ル ビュス プール ラ ガール ドゥ レストゥ
（東駅に行くバスはどれですか？）

Est-ce que ce bus va à Madeleine?
エス ク ス ビュス ヴァ ア マドレーヌ
（このバスはマドレーヌまで行きますか？）

24

レンタカー Location de Voiture
ロカスィオン ドゥ ヴォワテュール

車を 5日間 借りたいのですが →数字 P32 →年月 P36
Je voudrais louer une voiture pour 5 jours
ジュ ヴドゥレ ルエ ユヌ ヴォワテュール プール サンク ジュール

(国際)免許証	オートマ	マニュアル
permis de conduire (international)	automatique	manuelle
ペルミ ドゥ コンデュイール (アンテルナスィオナル)	オトマティック	マニュエル

ガソリンスタンド	料金所 男	故障
la station-service	péage	en panne
ラ スタスィオン セルヴィス	ペアージュ	アン パンヌ

鉄道 Train
トラン

□行きの片道切符を1枚下さい →数字 P32
Un aller simple pour □, s'il vous plaît.
アン ナレ サンプル プール スィル ヴ プレ

この列車は何時に出発しますか？ →時間 P34
À quelle heure part ce train?
ア ケ ルール パール ス トラン

この電車はどこに行きますか？
Où va ce train?
ウ ヴァ ス トラン

出発	到着	Aホーム
Départ	Arrivée	quai A
デパール	アリヴェ	ケ アー
ホーム入口	行き先	1番線
ACCÈS AUX QUAIS	destination	voie 1
アクセ オ ケ	デスティナスィオン	ヴォワ アン
片道切符	往復切符	出口
aller simple	aller-retour	Sortie
アレ サンプル	アレ ルトゥール	ソルティ

25

買い物・色 les courses/les couleurs
レ クルス / レ クルール

洋服・くつ → P28-29
化粧品・小物 → P30-31

こんにちは
Bonjour
ボンジュール

何かお探しですか？
Je peux vous aider?
ジュ プ ヴ ゼ デ

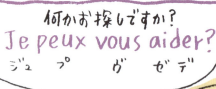

見ているだけです
Je regarde seulement
ジュ ルガルドゥ スルマン

〜を探しています
Je cherche 〜
ジュ シェルシュ

営業中
Ouvert
ウヴェール

それを見せて下さい
Montrez-moi ça, S.V.P.
モントレ モワ サ スィルヴプレ

準備中／閉店
fermé
フェルメ

試着してもいいですか？
Puis-je l'essayer?
ピュイ ジュ レセイエ

売りきれ
vendu
ヴァンデュ

〜はありますか？
Vous avez 〜?
ヴ ザヴェ

セール
soldes
ソルドゥ

これにします
Je prends ça
ジュ プラン サ

いくらですか？
Combien (ça coûte)?
コンビアン サ クットゥ

26

もっと ☐ のはありますか？
En avez-vous de plus ☐ ?
アンナヴェ ヴ ドゥ プリュ

（少し）**大**きすぎます
C'est (un peu) trop grand
セ （タンプ） トロ グラン

免税 **la détaxe**
ラ デタックス

カードで **par carte de crédit**
パール カルトゥ ドゥ クレディ
現金で **en espèces**
アン ネスペス

大きい **grand(e)** グラン(ドゥ)

小さい **petit(e)** プティ(ットゥ)

長い **long(ue)** ロン(グッ)
短い **court(e)** クール(トゥ)

高い **cher** シェール

他の色はありますか？
En avez-vous dans une autre couleur ?
アンナヴェ ヴ ダン ズン ノートゥル クルール

色 **couleur** クルール

赤 **rouge** ルージュ

グレー **gris(e)** グリ(ーズ) 黒 **noir(e)** ノワール 白 **blanc(he)** ブラン(シュ)

黄色 **jaune** ジョーヌ 緑 **vert(e)** ヴェール(トゥ) 茶 **marron** マロン
青 **bleu(e)** ブルー

買い物・色

数字・買物 | 時間 | 食事 | 文化 | 家・人 | トラブル | その他

27

洋服・くつ　les vêtements/les chaussures
レ ヴェトゥマン / レ ショスュール

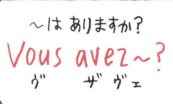

〜は ありますか？
Vous avez〜?
ヴ　ザヴェ

あいさつ／移動／数字・買物／les vêtements/les chaussures

コート 男  manteau マントー	ジャケット 女  veste ヴェストゥ	ワイシャツ 女 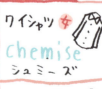 chemise シュミーズ	ワンピース 女  robe ローブ
スカート 女  jupe ジュップ	ズボン 男  pantalon パンタロン	セーター 男  pull プル	レインコート 男  imperméable アンペルメアブル
ネクタイ 女  cravate クラヴァットゥ	マフラー 女  écharpe エシャルプ	ハンカチ 男 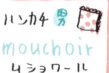 mouchoir ムショワール	帽子 男 chapeau シャポー
ストッキング 男  collant コラン	ブラジャー 男 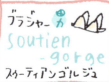 soutien-gorge スゥティアンゴルジュ	靴下 女複 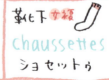 chaussettes ショセットゥ	水着 男  maillot de bain マイヨドゥバン

おみやげ屋	免税店
magasin de souvenirs マガザン ドゥ スーヴニール	magasin hors-taxe マガザン オル タクス

洋服のサイズ表

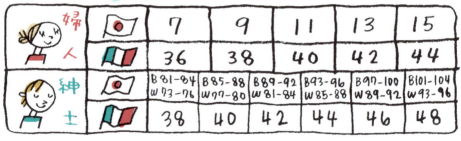

※ 複数は des（デ）、単数では男性名詞で un（アン）、女性名詞で une（ユヌ）を単語の前につけてください。

素材は何ですか？
C'est en quelle matière ?
セ タン ケル マティエール

綿 **coton** コトン	シルク **soie** ソワ	麻 **lin** ラン
ウール **laine** レーヌ	ポリエステル **polyester** ポリエステル	ナイロン **nylon** ニロン

洋服・くつ

| くつ **chaussures** ショスュール | *Elles sont エル ソン きつすぎます **trop étroites** トロ エトロワットゥ |
| | ゆるすぎます **trop larges** トロ ラルジュ |

ブーツ 女複 **bottes** ボットゥ

サンダル 女複 **sandales** サンダル

ハイヒール 女複 **chaussures à talons hauts** ショスュール ア タロン オ

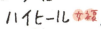

くつのサイズ表

婦人	🇯🇵	22	22.5	23	23.5	24	24.5	25
	🇫🇷	34.5	35	35.5	36	36.5	37	37.5
紳士	🇯🇵	25	25.5	26	26.5	27	27.5	28
	🇫🇷	40	41	42	43	44	45	46

数字・買物 | 時間 | 食事 | 文化 | 家・人 | トラブル | その他

* Elles sont：くつの代名詞

化粧品・その他 à la parfumerie
アラ パルフュムリ

シャンプー	リンス	クリーム
un shampooing	un après-shampooing	une crème
アン シャンポワン	ナプレ シャンポワン	ユヌ クレーム
ファンデーション	口紅 ♂	マニキュア ♂
un fond de teint	un rouge à lèvres	un vernis à ongles
アン フォン ドゥ タン	アン ルージュア レーヴル	アン ヴェルニ ア オングル

コンドーム	ナプキン	タンポン
un préservatif	une serviette hygiénique	un tampon
アン プレゼルヴァティフ	ユヌ セルヴィエットゥ イジェニック	アン タンポン
カミソリ	日焼け止め	
un rasoir	une crème solaire	
アン ラゾワール	ユヌ クレーム ソレール	

速達 Par exprès
パー レクプレス

郵便局 Bureau de poste
ビューロー ドゥ ポストゥ

航空便 Par avion
パー ラヴィオン

〜を下さい
Je voudrais〜
ジュ グドゥレ

はがき	切手	封筒	手紙
une	un	une	une
ユヌ	アン	ユヌ	ユヌ
carte postale	timbre	enveloppe	lettre
カルトゥ ポスタル	テンブル	アンヴロップ	レットゥル

30 ＊2つ以上欲しいときは、un/une を取って数字をつけてください。（例）切手2枚　deux timbres

時間 l'heure
ルール

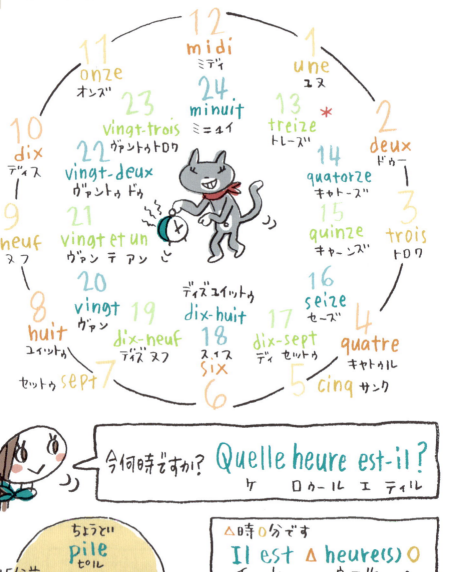

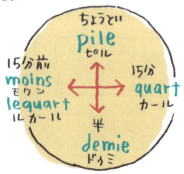

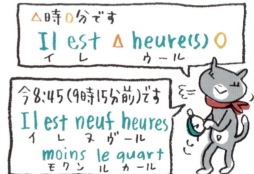

*午後1時、2時は、13時、14時といいます。

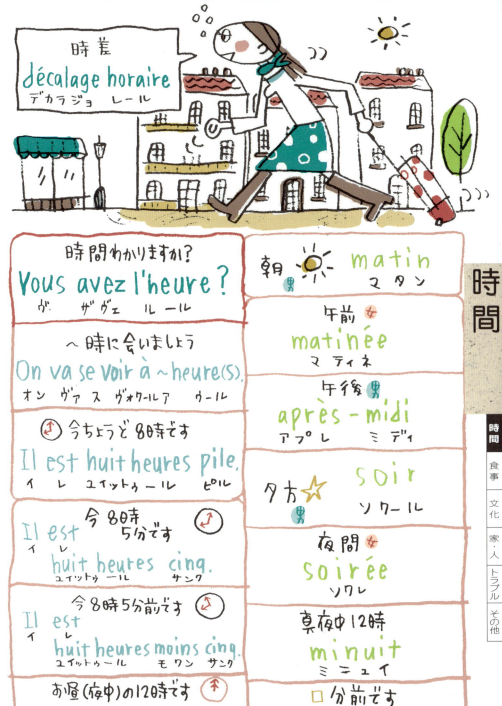

年 月 la date
ラ ダットゥ

日 **jour**
ジュール (男)

祝日 **jour férié**
ジュール フェリエ (男)

おととい	昨日	今日	明日	あさって
avant-hier	hier	aujourd'hui	demain	après-demain
アヴァンティエール	イエール	オージュルデュイ	ドゥマン	アプレドゥマン

週 **semaine**
スメーヌ

月	火	水	木	金	土	日
lundi	mardi	mercredi	jeudi	vendredi	samedi	dimanche
ランディ	マルディ	メルクルディ	ジュディ	ヴァンドゥルディ	サムディ	ディマンシュ

今週末	来週末	先週
ce week-end	le week-end prochain	la semaine dernière
ス ウィーク エンドゥ	ル ウィーク エンドゥ プロシャン	ラ スメーヌ デルニエール
今週	来週	
cette semaine	la semaine prochaine	
セットゥ スメーヌ	ラ スメーヌ プロシェーヌ	

月 **mois**
モワ

今月	来月	先月
ce mois	le mois prochain	le mois dernier
ス モワ	ル モワ プロシャン	ル モワ デルニエ

36

1月 janvier ジャンヴィエ	2月 février フェヴリエ	3月 mars マルス
4月 avril アヴリル	5月 mai メ	6月 juin ジュアン
7月 juillet ジュイエ	8月 août ウ	9月 septembre セプタンブル
10月 octobre オクトーブル	11月 novembre ノヴァンブル	12月 décembre デサンブル

年月

年	an アン

今年	来年	昨年
cette année セッタ ネ	l'année prochaine ラ ネ プロシェーヌ	l'année dernière ラ ネ デルニエール

いつ？ Quand?
カン

いつここへ来ましたか？
Quand vous êtes venu(e) ici?
カン ヴ ゼットゥ ヴニュ イスィ

それいつ？ C'est quand?
セ カン

いつ会う？
Quand est-ce qu'on se voit?
カン エス コン ス ヴォワ

いつから？ Depuis quand?
ドゥプイ カン

いつからフランスにいますか？
Depuis quand vous êtes en France?
ドゥプイ カン ヴ ゼットゥ アン フランス

時間 食事 文化 家・人 トラブル その他

37

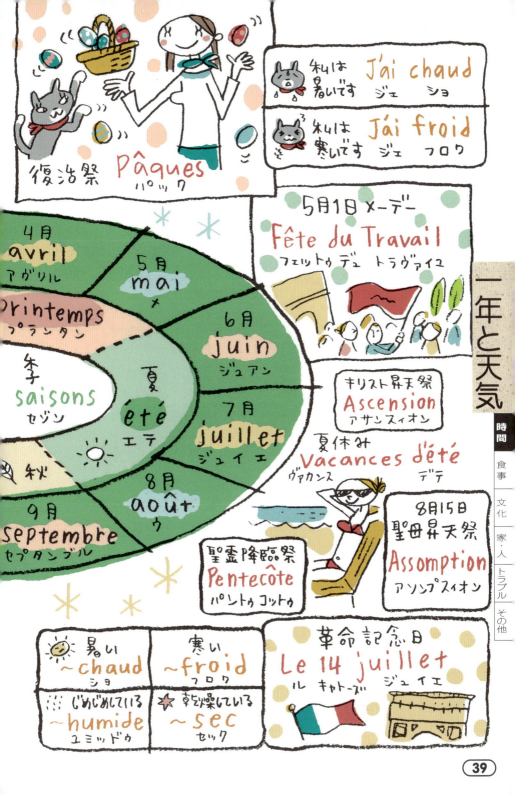

食事 les repas
レパ

食事の順番

食前酒 apéritif アペリティフ

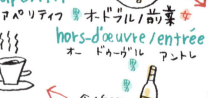
オードブル/前菜 hors-d'œuvre / entrée オードゥーヴル / アントレ

魚料理 poisson(s) ポワソン

肉料理 viande(s) ヴィアンドゥ

チーズ fromage(s) フロマージュ

デザート dessert(s) デセール

食後酒 digestif ディジェスティフ

コーヒー café カフェ

レストラン restaurant レストラン	カフェ café カフェ	ブラッスリー brasserie ブラッスリー	ビストロ bistrot ビストロ
サロンドテ salon de thé サロン ドゥ テ	食堂 buffet ビュフェ	クレープリー crêperie クレプリ	ピザ屋 pizzeria ピッゼリア

フランス料理店 restaurant français レストラン フランセ	中華料理店 restaurant chinois レストラン シノワ	日本料理店 restaurant japonais レストラン ジャポネ
パン屋 boulangerie ブランジュリー	お菓子屋(ケーキ屋) pâtisserie パティスリー	食品雑貨店 épicerie エピスリー
朝食 petit déjeuner プティ デジュネ	昼食 déjeuner デジュネ	夕食 dîner ディネ

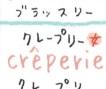

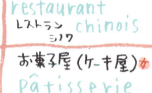
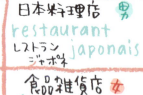

クロワッサン 男	フランスパン 女	田舎パン 男	食パン 男
croissant クロワッサン	baguette バゲットゥ	pain de campagne パン ドゥ カンパーニュ	pain de mie パン ドゥ ミ
クロックムッシュー 男	サンドウィッチ 男	キッシュ 女	
croque-monsieur クロック ムスィユー	sandwich サンドウィッチ	quiche キッシュ	

    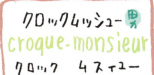 

おいしいです	おいしかったです
C'est bon セ ボン	C'était bon セ テ ボン
おいしくないです（まずい）	甘すぎます
Ce n'est pas bon ス ネ パ ボン	C'est trop sucré セ トロ スュクレ

食事

からい	しょっぱい	苦い	すっぱい
piquant ピカン	salé サレ	amer アメール	acide アスィドゥ
熱い	冷たい	なまの	火を通した
chaud ショ	froid フロワ	cru クリュ	cuit キュイ

  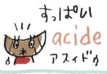  

フォーク 女	ナイフ 男	スプーン 女
fourchette フルシェットゥ	couteau クトー	cuillère キュイエール
グラス 男	カップ 女	ボール（カフェオレ用）
verre ヴェール	tasse タッス	bol 男 ボル
はし 女 複	ナプキン 女	灰皿 男
baguettes バゲットゥ	serviette セルヴィエットゥ	cendrier サンドリエ

     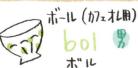   

食事｜文化｜家・人｜トラブル｜その他

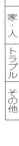

レストランで　au restaurant
オレストラン

今夜（明日の昼）△人で□時に予約をしたいのですが

Je voudrais réserver une table
ジュ　ヴドゥレ　レゼルヴェ　ユヌ　ターブル
pour △ personnes
プール　　ペルソン
pour ce soir (demain midi) à □ heures.
プール スンワール　ドゥマン　ミディ　ア　　ウール

何名様ですか？
Vous êtes combien?
ヴ　ゼットゥ コンビアン

△人です
Nous sommes △
ヌ　　ソム

喫煙席ですか？禁煙席ですか？
Fumeurs ou non fumeurs?
フュムール　　ノン　フュムール

| 喫煙席 | **fumeurs** フュムール |
| 禁煙席 | **non fumeurs** ノン フュムール |

日本語（英語）のメニューはありますか？
Avez-vous une carte en japonais (en anglais)?
アヴェ　ヴ　ユヌ　カルトゥ アン　ジャポネ　アン ナングレ

おすすめは何ですか？
Qu'est-ce que vous me recommandez?
ケ　ス　ク　ヴ　ム　ルコマンデ

メニューを下さい **La carte, s'il vous plaît.**
ラ　カルトゥ　スィル　ヴ　プレ

今日の料理は何ですか？ **Quel est le plat du jour?**
ケ　レ　ル プラ デュ ジュール

～（これ）を下さい **Je prends ceci**
ジュ プラン　ススィ

これは何ですか？ **Qu'est-ce que c'est?**
ケ　ス　ク　セ

お勘定お願いします	L'addition, s'il vous plaît.	ラディスィオン スィル ヴ プレ
チップ	pourboire (m)	プールボワール
別々で	séparément	セパレマン

| 塩を持ってきて下さい（お店の人に） | Apportez du sel, S.V.P. * | アポルテ デュ セル スィルヴプレ |
| 塩を下さい（同じテーブルの人に） | Passez-moi le sel, S.V.P. | パセ モワ ル セル スィルヴプレ |

du / le	塩	sel	セル
du / le	こしょう	poivre	ポワーヴル
du / le	砂糖	sucre	スュクル
de l'	油	huile	ユイル
de la / la	マスタード	moutarde	ムタルドゥ
de la / la	しょうゆ	sauce de soja	ソース ドゥ ソージャ
du / le	バター	beurre	ブール
de la / la	ドレッシング	vinaigrette	ヴィネグレットゥ

ここで食べます
Sur place
スュール プラス

持って帰ります
À emporter
ア アンポルテ

メニューについて

Boisson comprise
飲物含む

au choix とは…
「選択して下さい」の意味

Boisson non comprise
飲物含まず

※第2部（冠詞説明部分）参照。

| 前菜
hors-d'œuvre
オードゥーヴル | アントル
entrée
アントレ |

スープ 女 soupe スゥプ	ポタージュ 男 potage ポタージュ	サラダ 女 salade サラドゥ
オニオンスープ soupe à l'oignon スゥプ ア ロニョン	生がき 女複 huîtres ユイートゥル	ニース風サラダ 女 salade niçoise サラドゥ ニソワーズ
フォアグラ 男 foie gras フォワ グラ	スモークサーモン 男 saumon fumé ソモン フュメ	テリーヌ 女 terrine テリーヌ
かたつむり 男複 escargots エスカルゴ	パテ 男 pâté パテ	ハム 男 jambon ジャンボン

野菜　légumes
レギューム

たまねぎ 男 oignon オニョン	じゃがいも 女 pomme de terre ポム ドゥ テール	にんじん 女 carotte キャロットゥ	きゅうり 男 concombre コンコンブル
とうもろこし 男 maïs マイス	長ねぎ 男 poireau ポワロ	なす 女 aubergine オベルジヌ	ほうれん草 男 épinard エピナール
きのこ 男* champignon シャンピニョン	きゃべつ 男 chou シュ	アスパラガス 女 asperge アスペルジュ	さやいんげん 男 haricot vert アリコ ヴェール

＊マッシュルーム：champignon de Paris（シャンピニョン ドゥ パリ）

45

メインディッシュ les plats principaux
レ プラ プランスィポー

poissons ポワソン

さけ 男 **saumon** ソ モン	舌平目 女 **sole** ソール	うなぎ 女 **anguille** アンギーユ
イワシ 女 **sardine** サルディヌ	たい 女 **daurade** ドラ ドゥ	まぐろ 男 **thon** トン
ほたて 女 **coquille Saint-Jacques** コキーユ サン ジャック	ムール貝 女 **moule** ムール	

viandes ヴィアンドゥ

牛肉 男 **boeuf** ブフ	豚肉 男 **porc** ポール	とり肉(若鶏) 男 **poulet** プレ
子牛 男 **veau** ヴォー	鴨 男 **canard** カナール	うさぎ 男 **lapin** ラパン
子羊 男 **agneau** アニョ	七面鳥 女 **dinde** ダンドゥ	たまご 男 **oeuf** ウフ

 肉の焼き方

レア(生焼き) **saignant** セ ニャン	ミディアム(中位) **à point** ア ポワン	よく焼いた **bien cuit** ビアン キュイ

46

こしょうソースのステーキ
steak au poivre
ステック オ ポワーヴル

ブイヤベース
bouillabaisse
ブイヤベス

ポトフ
pot au feu
ポ ト フ

シーフード	**fruits de mer** フリュイ ドゥ メール		
カニ 男 **crabe** クラブ	えび 女 **crevette** クレヴェットゥ	いか 男 **calmar** カルマール	

つけあわせ **garnitures** ガルニテュール

フライドポテト
pommes frites
ポム フリットゥ

グリーンサラダ
salade verte
サラドゥ ヴェルトゥ

調理法

炙で焼いた	ゆでた	グリルした	フライした
rôti(e) ロティ	**bouilli(e)** ブイイ	**grillé(e)** グリエ	**frit(e)** フリットゥ

つぶした	詰め物をした	くんせいした	炒めた
purée ピューレ	**farci(e)** ファルスィ	**fumé(e)** フュメ	**sauté(e)** ソテ

メインディッシュ

食事 | 文化 | 家・人 | トラブル | その他

47

デザート les desserts
レ デセール

デザート desserts
デ セ ール

アイスクリーム 女
glace
グラス

バニラの
à la vanille
ア ラ ヴァニーユ

チョコの
au chocolat
オ ショコラ

いちごの
aux fraises
オ フレーズ

ムース 女
mousse
ムース

シャーベット 男
sorbet
ソルベ

アップルパイ 女
tarte aux pommes
タルトゥ オ ポム

生クリーム 女
crème chantilly
クレーム シャンティイ

カスタードプリン 女
crème caramel
クレーム キャラメル

タルト(パイ) 女
tarte
タルトゥ

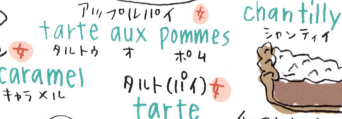

チョコレートパイ 女
tarte au chocolat
タルトゥ オ ショコラ

マカロン 男
macaron
マカロン

(チョコレートの)ケーキ 男
gâteau (au chocolat)
ガトー オ ショコラ

クリームブリュレ 女
crème brûlée
クレーム ブリュレ

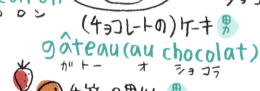

季節の果物 男
fruit de saison
フリュイ ドゥ セゾン

48

果物 fruits
フリュイ

いちご 女 fraise フレーズ	オレンジ 女 orange オランジュ	グレープフルーツ 男 pamplemousse パンプルムース
りんご 女 pomme ポム	ぶどう 男複 raisins レザン	さくらんぼ 女複 cerises スリーズ
パイナップル 男 ananas アナナス	レモン 男 citron スィトロン	もも 女 pêche ペシュ

チーズ fromages
フロマージュ

チーズの盛り合わせ
plateau de
プラトー ドゥ
fromages
フロマージュ

ブルーチーズ
fromage bleu
フロマージュ ブルー

デザート

ノンアルコール non alcoolisé ノン アルコリゼ	コーヒーを1つお願いします Un café, S.V.P. アン カフェ スィルヴプレ
	もう1杯下さい Un autre café, S.V.P. アン ノートゥル カフェ スィルヴプレ

*

ココア un chocolat アン ショコラ	エスプレッソ un express アン エクスプレス	カフェイン抜きコーヒー un café décaféiné アンカフェ デカフェイネ
紅茶 (+ミルク) un thé (au lait) アン テ (オレ)	カフェオレ un café au lait アン カフェオレ	ハーブティー une tisane ユヌ ティザーヌ

* 2つ以上オーダーするときはun/uneを取って数字をつけてください。(例) ココア2つ deux chocolats (ドゥ ショコラ)。
S.V.P.をつけるのを忘れずに！

食事 文化 家・人 トラブル その他

49

趣味 le passe-temps
ルパスタン

何をするのが好きですか？ Qu'est-ce que vous aimez faire?
ケ ス ク ヴ ゼメ フェール

～が好きです J'aime ～ ジェム	散歩する me promener ム プロムネ	旅行をする voyager ヴォワイヤジェ
～するのは好きではありません Je n'aime pas ～ ジュ ネム パ	本を読む lire リール	音楽を聴く écouter de la musique エクテ ドゥラ ミューズィック
踊る danser ダンセ	絵を描く peindre パーンドゥル	映画に行く aller au cinéma アレ オ スィネマ

～を演奏する
jouer　du + 男名詞
ジュエ　デュ
　　　　de la + 女名詞
　　　　ドゥラ

ピアノを du piano　デュ ピアノ
ギターを de la guitare　ドゥラ ギタール

| 釣り 女
pêche
ペッシュ | マンガ 女
bande dessinée
バンドゥ デスィネ | アニメ 男
dessin animé
デサン アニメ |
| コンサート 男
concert
コンセール | 写真 女
photo
フォト | |

le passe-temps

～に興味があります
Je m'intéresse　au
ジュ マンテレス　オ
　　　　　　　　à la
　　　　　　　　アラ

| フランスの文化に
à la culture française
アラ キュルテュール フランセーズ |
| フランスの文学に
à la littérature française
アラ リテラテュール フランセーズ |
| フランス(日本)の歌に
à la musique française (japonaise)
アラ ミューズィック フランセーズ (ジャポネーズ) |
| フランスの歴史に
à l'histoire de France
アラ リストワール ドゥ フランス |
| クラシックに
à la musique classique
アラ ミューズィック クラズィック |
| フランスのファッションに
à la mode française
アラ モードゥ フランセーズ |

50

あなたの好きな画家は誰ですか?
Qui est votre peintre préféré ?
キ エ ヴォートゥル パントゥル プレフェレ

クロード モネ Claude-Monet	水蓮 Nymphéas ナンフェア	ピエール=オーギュスト・ルノワール Pierre-Auguste Renoir	ムーラン・ド・ラ・ギャレット Moulin de la Galette
トゥールーズ・ロートレック Toulouse Lautrec	ポール・ゴーギャン Paul Gauguin	ポール・セザンヌ Paul Cézanne	サント・ヴィクトワール山 Mont Sainte-Victoire モン サントゥ ヴィクトワール

モナリザ	La Joconde ラ ジョコンドゥ	ロダン Rodin	考える人 Le Penseur ル パンスール
ミロのヴィーナス	Vénus de Milo ヴェヌス ドゥ ミロ		

印象派 男	l'Impressionnisme ランプレッスィオニズム	ルネッサンス 女	la Renaissance ラ ルネッサンス
抽象画	tableau abstrait タブロー アプストレ	現代の	art contemporain コンテンポラリー アール コンテンポラン

美術館めぐりのカード
(有効期間内で決められた施設を
何度も利用できるカード)
Paris Museum Pass
パリ ミュージアム パス

新聞 男 **journal**
ジュルナル

ル モンド Le Monde	ル フィガロ Le Figaro	リベラスィオン Libération

週刊 hebdomadaire エブドマデール	ロフィスィエル デ スペクタクル L'officiel des spectacles	月刊 mensuel モンスュエル

趣味

文化 | 家・人 | トラブル | その他

51

映画 le cinéma
ル スィネマ

あなたはどんな映画が好きですか？
Quel est votre film préféré ?
ケ レ ヴォートゥル フィルム プレフェレ

フランス映画 films français フィルム フランセ	日本映画 films japonais フィルム ジャポネ
SF映画 films de science-fiction フィルム ドゥ スィヤンス フィクスィオン	ホラー映画 films d'horreur フィルム ドルール
ドキュメンタリー映画 films documentaires フィルム ドキュマンテール	アクション映画 films d'action フィルム ダクスィオン
戦争映画 films de guerre フィルム ドゥ ゲール	映画祭 festival de cinéma フェスティヴァル ドゥ スィネマ

あなたの好きな映画作品は何ですか？
Quel film aimez-vous ?
ケル フィルム エメ ヴ

アメリ Le Fabuleux Destin d'Amélie Poulain ル ファビュルー デスタン ダメリー プラン	8人の女たち 8 Femmes ユイット ファム 
最強のふたり Intouchables アントゥーシャブル	レオン Léon レオン
シェルブールの雨傘 Les Parapluies de Cherbourg レ パラプリュイ ドゥ シェルブール	グランブルー Le Grand Bleu ル グラン ブルー

52

あなたの好きな映画監督は誰ですか？
Qui est votre réalisateur préféré ?
キ エ ヴォートゥル レアリザトゥール プレフェレ

ジャン・リュック・ゴダール Jean-Luc Godard	フランソワ・オゾン François Ozon
リュック・ベッソン Luc Besson	フランソワ・トリュフォー François Truffaut

あなたの好きな俳優（女優）は誰ですか？
Qui est votre acteur (actrice) préféré(e) ?
キ エ ヴォートゥル アクトゥール（アクトリス） プレフェレ

映画

カトリーヌ・ドヌーヴ Catherine Deneuve	オドレイ・トトゥ Audrey Tautou	ヴァネッサ・パラディ Vanessa Paradis
ジェラール・ドパルデュー Gérard Depardieu	ジャン・レノ Jean Reno	アラン・ドロン Alain Delon

あなたの好きな
作家は誰ですか？ **Qui est votre écrivain préféré ?**
キ エ ヴォートゥル エクリヴァン プレフェレ
小説は何ですか？ **Quel est votre roman préféré ?**
ケ レ ヴォートゥル ロマン

（アントワヌ・ドゥ）サン テグジュペリ (Antoine de) Saint-Exupéry	星の王子様 Le Petit Prince ル プティ プランス
ヴィクトル・ユーゴー Victor Hugo	レ・ミゼラブル Les Misérables

文化 ｜ 家・人 ｜ トラブル ｜ その他

53

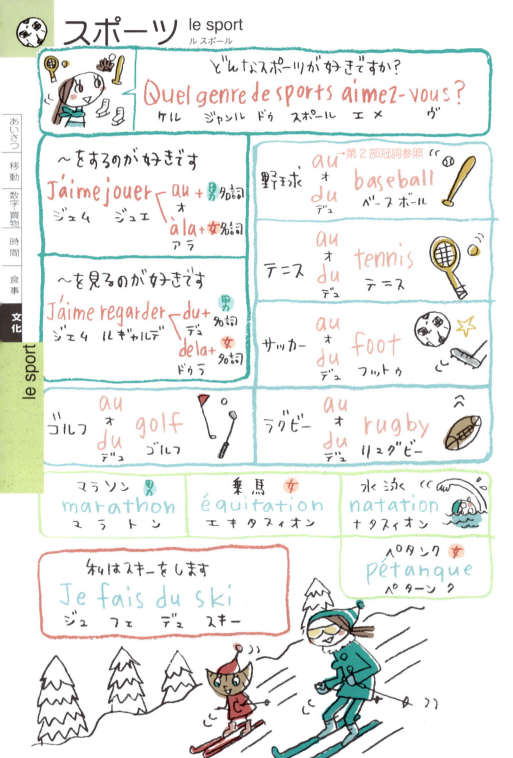

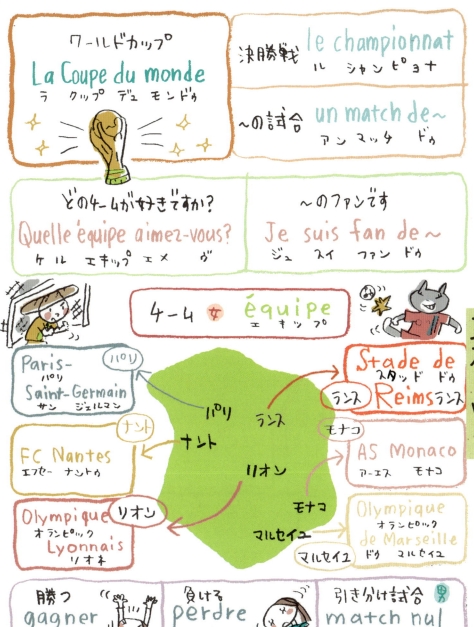
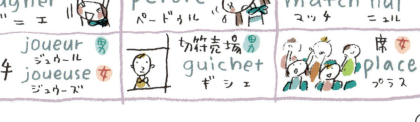
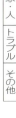

恋愛・結婚 l'amour/le mariage
ラムール / ル マリアージュ

あなたのことが気に入りました
Vous me plaisez
ヴ ム プレゼ
親しい相手 **Tu me plais**
テュ ム プレ

一目惚れ (男)
coup de foudre
クー ドゥ フードゥル

あなたにまた会いたい (もっと親しく)
J'ai envie de vous revoir
ジェ アンヴィ ドゥ (が te トゥ) ル ヴォワール

また会える?
On peut se voir?
オン プ ス ヴォワール

あなたのことが好きです
Je vous aime
ジュ ヴ ゼム
親しい相手 **Je t'aime**
ジュ テム

あなたが恋しいです
Vous me manquez
ヴ ム マンケ
親しい相手 **Tu me manques**
テュ ム マンク

つきあっている人はいますか?
Êtes-vous avec quelqu'un?
エトゥ ヴ アヴェック ケルカン
親しい相手 **Es-tu avec quelqu'un?**
エ テュ アヴェック ケルカン

いいえ **Non** ノン
はい **Oui** ウィ

つきあっている人がいます
J'ai déjà quelqu'un
ジェ デジャ ケルカン

あなたとつきあいたい (君と)
Je voudrais sortir avec vous (ヴ / toi トワ)
ジュ ヴドゥレ ソルティール アヴェック

君と関係をもちたい (君が欲しい…)
J'ai envie de toi
ジェ アンヴィ ドゥ トワ

キスして!
Embrasse-moi
アンブラス モワ

送って行きます
Je vous accompagne
ジュ ヴ ザコンパーニュ
親しく **Je t'accompagne**
ジュ タコンパーニュ

恋愛・結婚

恋人	前の	別れた
彼氏 **mon copain** モン コパン	**mon ex** モンネックス — **copain** コパン 彼氏 / **copine** コピン 彼女	**mon ex** モンネックス — **mari** マリ 夫 / **femme** ファム 妻
彼女 **ma copine** マ コピン		

愛しい人への呼びかけ ♥

男⇔女		男→女 *
Mon amour モン ナムール		**Ma Puce** マ ピュス
男⇔女 **Mon bébé** モン ベベ		男⇔女 **Dou dou** ドゥ ドゥ
女→男 **Mon chéri** モン シェリ		男→女 **Ma chérie** マ シェリ

避妊 女	コンドーム **préservatif** プレゼルヴァティフ	ピル 女
Contraception コントラセプスィオン	(誘い言葉) **capote** カポットゥ 女	**pilule** ピリュル

結婚する  **se marier** ス マリエ	離婚する 💔 **divorcer** ディヴォルセ	同棲 男女 **concubinage** コンキュビナージュ
結婚しています **Je suis marié(e)** ジュ スィ マリエ	私達は結婚します **On se marie** オン ス マリ	私は離婚しています **Je suis divorcé(e)** ジュ スィ ディヴォルセ

婚約 女複 **fiançailles** フィアンサイユ	婚約者 **fiancé(e)** フィアンセ	結婚式 **La Cérémonie de mariage** ラ セレモニー ドゥ マリアージュ

新郎 **nouveau marié** ヌヴォ マリエ		新婦 **nouvelle mariée** ヌヴェル マリエ

💍 婚約指輪 **bague de fiançailles** バーグ ドゥ フィアンサイユ	💍 結婚指輪 女 **alliance** アリヤーンス	新婚旅行 男 **voyage de noces** ヴォワイヤージュ ドゥ ノス

妊娠 **enceinte** アンサントゥ	私は妊娠しています **Je suis enceinte** ジュ スィ ザンサントゥ	流産・中絶 男 **avortement** アヴォルトゥマン

家・人 | トラブル | その他

* puce：のみ（蚤）のこと。直訳すると、"私ののみ" という意。

59

ひとの性格 la personnalité
ラ ペルソナリテ

あなたは（とても）〜だ
Vous êtes (très) 〜
ヴ ゼットゥ（トレ）

あなたは（あまり）〜でない
Vous n'êtes pas (très) 〜
ヴ ネットゥ パ （トレ）

礼儀正しい poli(e) ポリ	無礼な impoli(e) アンポリ	正直 honnête オネットゥ	うそつき menteur マントゥール menteuse マントゥーズ
働き者 travailleur トラヴァイユール travailleuse トラヴァイユーズ	なまけ者 paresseux パレスー paresseuse パレスーズ	社交的 sociable ソスィアーブル	照れ屋 timide ティミッドゥ
頭がいい intelligent アンテリジャン intelligente アンテリジャントゥ	おろかな con コン conne コヌ	気前がいい généreux ジェネルー généreuse ジェネルーズ	けちだ avare アヴァール
おとなしい tranquille トランキル	おしゃべりな bavard バヴァール bavarde バヴァールドゥ	高慢な fier フィエール fière フィエール	謙虚な modeste モデストゥ
有名な célèbre セレブール	おもしろい drôle ドロール	ロマンティックな romantique ロマンティック	時間にきちんとしている ponctuel(le) ポンクテュエル
しっと深い jaloux ジャルー jalouse ジャルーズ	まじめ sérieux セリウー sérieuse セリウーズ		

※上は男性、下は女性のことを言うとき。男性でも女性でも同じ形は１つしか書いてありません。
例）うそつき〈男性〉manteur〈女性〉manteuse、照れ屋 timide 男女同形。

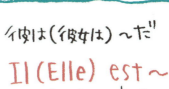

人の特徴

彼は(彼女は)～だ
Il (Elle) est ～
イ (エ) レ

美しい 彼 **beau** ボ 彼女 **belle** ベル	みにくい **laid** レ **laide** レードゥ	太った **gros** グロ **grosse** グロース	ほっそりした **mince** マーンス
大きい(背が高い) **grand** グラン **grande** グランドゥ	小さい(背が低い) **petit** プティ **petite** プティットゥ	金持ち **riche** リッシュ	貧乏 **pauvre** ポーヴル
若い **jeune** ジュヌ	年寄り **vieux** ヴィユー **vieille** ヴィエイユ	強い **fort** フォール **forte** フォールトゥ	弱い **faible** フェーブル
かっこいい・かわいい **mignon** ミニョン **mignonne** ミニョンヌ	チャーミング **charmant** シャルマン **charmante** シャルマントゥ	やさしい **gentil** ジャンティ **gentille** ジャンティーユ	いじわるな **méchant** メシャン **méchante** メシャントゥ

ひとの性格

私は(とても)～している
Je suis (très) ～
ジュ スイ トレ

満足している
content(e)
コンタン(トゥ)

頭にきている
fâché(e)
ファシェ

感動している
ému(e)
エミュ

驚いている
étonné(e)
エトネ

体調・体 le corps
ルコール

〜を骨折しました	Je me suis cassé(e)〜 *
	ジュ ム スィ カセ
〜を切りました	Je me suis coupé(e)〜 *
	ジュ ム スィ クペ

顔 男	visage ヴィザージュ
頭 女	tête テットゥ
髪 男	cheveu シュヴー
額 男	front フロン
舌 女	langue ラングゥ
歯 女	dent ダン
背 男	dos ド
尻 女複	fesses フェッス
骨 男	os オス
脚 女	jambe ジャンブ
足 男	pied ピエ
もも 女	cuisse キュイス
ひざ 男	genou ジュヌ
皮膚 女	peau ポー
肩 女	épaule エポル

体 男 corps コール

くちびる 女	lèvre レーヴル
まゆ 男	sourcil スゥルスィ
目 男 / 男複	œil 片目 ウィユ / yeux 両目 ィユー
鼻 男	nez ネ
口 女	bouche ブーシュ
耳 女	oreille オレイユ
首 男	cou ク
つめ 男	ongle オングル
手 女	main マン
指 男	doigt ドワ
腕 男	bras ブラ
ひじ 男	coude クードゥ
胸 女	poitrine ポワトリン
おなか 男	ventre ヴァントゥル
へそ 男	nombril ノンブリル

あいさつ / 移動 / 数字・買物 / 時間 / 食事 / 文化 / 家・人 / トラブル

le corps

62 ＊女性形は la, 男性形は le をつけて（定冠詞）、そのあと名詞をつけてください。（例）脚を骨折しました Je me suis cassé(e) la jambe.
脚を切りました Je me suis coupé(e) la jambe.

お腹がすいている J'ai faim ジェ ファン	のどが渇いた J'ai soif ジェ ソワフ	疲れた Je suis fatigué(e) ジュ スイ ファティゲ
眠いです J'ai sommeil ジェ ソメイユ	よく眠れません Je dors mal ジュ ドール マル	よく眠れます Je dors bien. ジュ ドール ビアン
せきが出ます Je tousse ジュ トゥース	二日酔いです J'ai la gueule de bois ジェ ラ グゥル ドゥ ボワ	気分が悪いです Je me sens mal. ジュ ム サン マル
目がまわる J'ai des vertiges ジェ デ ヴェルティージュ	吐き気がする J'ai des nausées ジェ デ ノゼ	よくなりました Je me sens mieux ジュ ム サン ミュー
熱がある J'ai de la fièvre ジェ ドゥ ラ フィエーヴル	下痢している J'ai la diarrhée ジェ ラ ディアレ	

ここが痛いです
J'ai mal ici
ジェ マル イスィ

私はアレルギー体質です
Je suis allergique
ジュ スィ アレルジック

妊娠しています
Je suis enceinte
ジュ スィ ザンサントゥ

頭が à la tête ア ラ テットゥ	歯が aux dents オ ダジ	胃が à l'estomac ア レストマ
お腹が au ventre オ ヴァントゥル	のどが à la gorge ア ラ ゴルジュ	

63

病院 à l'hôpital アロピタル

薬 (男) médicament メディカマン

| 錠剤 comprimé (男) コンプリメ | 坐薬 (男) suppositoire スュポズィトワール |
| カプセル capsule (女) カプスュル | 水薬 (男) sirop スィロ |

| アスピリン (女) aspirine アスピリーヌ | 睡眠薬 (男) somnifère ソムニフェール | 鎮痛剤 (男) calmant カルマン |
| 体温計 (男) thermomètre テルモメートゥル | 包帯 (男) pansement パンスマン | ばんそうこう (男) sparadrap スパラドラ |

1日〜回 ~fois par jour フォワ パール ジュール

検査 examen/analyse エグザマン アナリーズ

| 食前 avant le repas アヴァン ル ルパ | 食後 après le repas アプレ ル ルパ |
| 空腹時 à jeun ア ジャン | 食間 entre les repas アントゥル レ ルパ |

血の de sang ドゥ サン
便の de selles ドゥ セル
尿の d'urine デュリーヌ

血液型 type de sang ティップ ドゥ サン

1 のど (女) gorge ゴルジュ
2 心臓 (男) cœur クール
3 肺 (男) poumon プーモン
4 胃 (男) estomac エストマ
5 腸 (男) intestin アンテスタン
6 腎臓 (男) rein ラン
7 肝臓 (男) foie フォワ
8 ぼうこう (女) vessie ヴェスィ

64

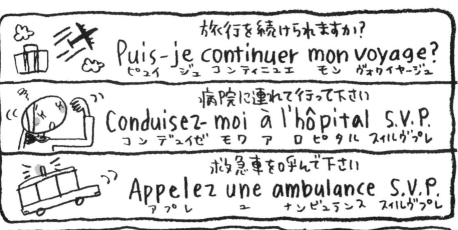

病院

旅行を続けられますか？
Puis-je continuer mon voyage?
ピュイ ジュ コンティニュエ モン ヴォワイヤージュ

病院に連れて行って下さい
Conduisez-moi à l'hôpital S.V.P.
コン デュイゼ モワ ア ロピタル スィルヴプレ

救急車を呼んで下さい
Appelez une ambulance S.V.P.
アプレ ユ ナンビュランス スィルヴプレ

病院 男 hôpital オピタル	薬局 女 pharmacie ファルマスィ	救急車 女 ambulance アンビュランス
医者 男 docteur ドクトゥール	歯医者 dentiste ダンティストゥ	産婦人科 gynécologue ジネコログ
手術 女 opération オペラスィオン	診察 consultation 女 コンスュルタスィオン	治療 traitement 男 トレットゥマン
診断書 男 certificat médical セルティフィカ メディカル	保険証 carte d'assurance maladie 女 カルトゥ ダスュランス マラディ	処方箋 女 ordonnance オルドナンス

注射 女 piqûre ピキュール	点滴 女 perfusion パーフューズィオン	輸血 女 transfusion トランスフューズィオン	動悸 複 palpitations パルピタスィオン
風邪 男 rhume リューム	インフルエンザ 女 grippe グリップ	ぜんそく 男 asthme アスム	心臓発作 女 crise cardiaque クリーズ カルディアック
消化不良 女 indigestion アンディジェスティオン	じんましん 女 urticaire ユルティケール	高血圧 女 hypertension イペルタンスィオン	低血圧 女 hypotension イポタンスィオン
胃炎 女 gastrite ガストゥリートゥ	盲腸炎 女 typhlite ティフリートゥ	かゆみ 女 démangeaison デマンジェーゾン	糖尿病 男 diabète ディアベートゥ
ねんざ 女 entorse アントルス	骨折 女 fracture フラクテュール	やけど 女 brûlure ブリュリュール	食中毒 女 intoxication アントクスィカスィオン

トラブル　その他

65

トラブル les problèmes
レ プロブレム

水(熱い)が出ない	Il n'y a pas d'eau (chaude) イル ニヤ パ ド (ショードゥ)
トイレットペーパーがない	Il n'y a pas de papier toilettes イル ニヤ パ ドゥ パピエ トワレットゥ
WiFiがつながりません	Impossible de se connecter au réasau WiFi. インポスィーブル ドゥ ス コネクテ オ レゾー ヴィフィ
部屋を替えて下さい	Pourriez-vous changer de chambre? プリエ ガ シャンジェ ドゥ シャンブル
部屋のかぎをなくしました	J'ai perdu la clef de ma chambre. ジェ ペルデュ ラ クレ ドゥ マ シャンブル
ドアの調子が悪い	La porte ne marche pas bien. ラ ポルトゥ ヌ マルシュ パ ビアン
ドライヤー	le sèche-cheveux / テレビ la télévision ル セッシュ シュヴ ラ テレヴィズィオン
トイレの水が流れません	La chasse d'eau ne marche pas. ラ シャス ド ヌ マルシュ パ
シーツを替えて下さい	Changez les draps de mon lit. シャンジェ レ ドラ ドゥ モン リ
私の荷物が見つかりません	Je ne trouve pas mon bagage. ジュ ヌ トゥルヴ パ モン バガージュ
充電が切れました	Il n'y a plus de batterie. イル ニヤ プリュ ドゥ バットゥリー
ここに電話をして下さい	Pourriez-vous téléphoner à ce numéro? プリエ ガ テレフォネ ア ス ヌメロ

やめて下さい Arrêtez アレテ	助けて！ Au secours! オ スクール	急いで！ Vite! ヴィットゥ

～をなくしました J'ai perdu～ ジェ ペルデュ	～を盗まれました On m'a volé～ オン マ ヴォレ

～を忘れました J'ai oublié～ ジェ ウブリエ	

(私の)サイフ (mon) portefeuille モン ポルトゥフイユ	(私の)携帯電話 (mon) téléphone モン テレフォン (portable) ポタブル	(私の)カバン (mon) sac モン サック
(私の)かぎ (mes) clefs (複数) メ クレ (ma) clef (1コ) マ クレ	(私の)カメラ (mon) appareil photo モン ナパレイユ フォト	(私の)パスポート (mon) passeport モン パスポール
(私の)クレジットカード (ma) carte de crédit マ カルトゥドゥ クレディ	(私の)お金 (mon) argent モン ナルジャン	(私の)旅券 (mon) billet モン ビエ

～をO呼んで下さい Appelez～ S.V.P. アプレ スィルヴプレ

警察 女 la police ラ ポリス	日本大使館 女 l'ambassade du Japon ランバサード ドゥ デュ ジャポン	救急車 女 une ambulance ユ ナンビュランス

日本語(英語)を話す人はいませんか？	Est-ce que quelqu'un parle japonais? エスク ク ケルカン パール ジャポネ (anglais) アングレ

(私の)連絡先 女複 (mes) coordonnées メ コオルドネ	遺失物取扱所 男 bureau des objets trouvés ビューロー デ ゾブジェ トゥルーヴェ
盗難証明書 女 déclaration de vol デクララスィオン ドゥ ヴォル	非常口 女 sortie de secours ソルティ ドゥ スクール

トラブル

トラブル その他

67

動詞・疑問詞 les verbes / l'interrogation
レ ヴァルブ / ランテロガスィオン

疑問詞

なに **Quoi** コワ	なにに使うの？ À quoi ça sert? ア コワ サ セール		
いつ **Quand** カン	いつまで Jusqu'à quand? / いつから Depuis quand? ジュスカ カン ドゥピュイ カン		
どうやって **Comment** コ マ ン	どうやって使うの？ Comment l'utilise-t-on? コ マン リュティリズ トン		
な ぜ **Pourquoi** プルコ ワ	なぜだめなのですか？ Pourquoi pas? プルコワ パ		
ど こ **Où** ウ	どこに行きますか？ Où allez-vous? ウ アレ ヴ		
誰 **Qui** キ	あれは誰ですか？ Qui est-ce? キ エ ス		
いくつ **Combien** コンビアン	何日間？ Combien de jours? コンビアン ドゥ ジュール		
何を **Que** ク	これは何ですか？ Qu'est-ce que c'est? ケ ス ク セ		
どれ **Lequel / Laquelle** ル ケル ラ ケル	どれ Le quel? → 女性名詞のもののときは… Laquelle? ル ケル ラ ケル		

～できる **pouvoir** プゥヴォワール	私は～できる Je peux～ ジュ プ	私は～できない Je ne peux pas～ ジュヌ プ パ
～したい **vouloir** ヴゥロ ワール	私は～したい Je veux～ ジュ ヴ	私は～したくない Je ne veux pas～ ジュヌ ヴ パ
～しなくては ならない **devoir** ドゥヴォワール	私は～しなくては ならない Je dois～ ジュ ドワ	私は～してはいけない Je ne dois pas～ ジュヌ ドワ パ

動詞

止まる arrêter アレテ	歩く marcher マルシェ	あげる donner ドネ	貸す prêter プレテ	探す chercher シェルシェ
話す parler パルレ	聞く écouter エクテ	思う penser パンセ	見る regarder ルガルデ	買う acheter アシュテ
払う payer ペイエ	泊まる rester レステ	受け取る accepter アクセプテ	行く aller アレ	来る venir ヴニール
走る courir クリール	する faire フェール	言う dire ディール	読む lire リール	とる prendre プランドゥル

命令形

| やめて | Arrête アレットゥ |
| 動いて | Bouge ブージュ |

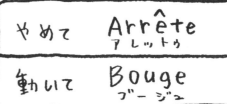

| やめて下さい | Arrêtez アレテ |
| 払って下さい | payez ペイエ |

一緒に | 歌いましょう Chantons シャントン

動詞・疑問詞

その他

形容詞・副詞 les adjectifs / les adverbes
レ ザジャクティフ / レ ザドヴェルブ

～でない
pas～
パ

とても
très
トレ

かなり～
assez～
ア セ

～すぎる
trop～
トロ

あまり～でない
pas trop～
パ トロ

～も
aussi
オ スィ

たぶん
peut-être
プーテートゥル

よい / 悪い	軽い / 重い
男 bon・mauvais ボン モヴェ 女 bonne・mauvaise ボンヌ モヴェーズ	léger・lourd レジェ ルール légère・lourde レジェール ルールドゥ
大きい / 小さい	速い / 遅い
grand・petit グラン プティ grande・petite グランドゥ プティットゥ	rapide・lent ラピッドゥ ラン ・lente ラントゥ
新しい / 古い	明るい / 暗い
nouveau・vieux ヌヴォー ヴィユー nouvelle・vieille ヌヴェル ヴィエイユ	clair・foncé クレール フォンセ claire・foncée クレール フォンセ
長い / 短い	高い / 低い
long・court ロン クール longue・courte ロング クールトゥ	haut・bas オー バ haute・basse オートゥ バース
快適な	簡単な / 難しい
agréable アグレアーブル 不快な ・désagréable デザグレアーブル	facile・difficile ファスィル ディフィスィル
かたい / やわらかい	厚い / 薄い
dur・mou デュール ム dure・molle デュール モル	épais・fin エペ ファン épaisse・fine エペッス フィヌ
冷たい・寒い / ぬるい / 暑い・熱い	
froid(e)・tiède・chaud(e) フロワ(ドゥ) ティエードゥ ショー(ドゥ)	

あいさつ / 移動 / 数字・買物 / 時間 / 食事 / 文化 / 家・人 / トラブル / その他

les adjectifs /les adverbes

70

人間関係 les relations
レ ルラスィオン

家族 女
famille
ファミーユ

祖父母 Grands-parents
グラン パラン

おじいさん 男 **grand-père** グラン ペール

おばあさん 女 **grand-mère** グラン メール

両親 parents
パラン

父 男 **père** ペール

母 女 **mère** メール

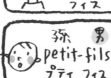

息子 男 **fils** フィス

娘 女 **fille** フィーユ

子供 enfants
アンファン

孫 男 **petit-fils** プティ フィス

孫 女 **petite-fille** プティットゥ フィーユ

夫 mari マリ	妻 femme ファム	兄弟 frère フレール	兄 frère aîné フレール エネ	弟 frère cadet フレール カデ
おい neveu ヌヴー	めい nièce ニエス	姉妹 sœur スール	姉 sœur aînée スール エネ	妹 sœur cadette スール カデットゥ
おじさん oncle オンクル	おばさん tante タントゥ	いとこ 男 cousin クザン 女 cousine クズィヌ	しゅうと beau-père ボ ペール	しゅうとめ belle-mère ベル メール

72

生き物 les animaux
レザニモ

~は 日本にいますか？	たくさんいます
Est-ce qu'il y a des ~s au Japon?	Oui, il y en a beaucoup
エス キリア デ オ ジャポン	ウィ イリアナ ボクー
~は フランスにいますか？	いいえ、いません
Est-ce qu'il y a des ~s en France?	Non, il n'y en a pas.
エス キリア デ アン フランス	ノン イルニアナ パ

ネコ	犬	うさぎ 男	ネズミ 女
chat(te)	chien(ne)	lapin	souris
シャッ（トゥ）	シャン（シエンヌ）	ラパン	スリ
鳥 男	ニワトリ * 雄 coq 男 / 雌 poule 女	若鶏 男	鳩 男
oiseau	コック / プル	poulet	pigeon
オワゾー		プレ	ピジョン
	からす 男	スズメ 男	かも 男
	corbeau	moineau	canard
	コルボー	モワノー	カナール
ロバ 男	ブタ 男	牛 男	馬 男
âne	cochon	bœuf	cheval
アーヌ	コション	ブフ	シュヴァル
羊 男	ヤギ 女	くま 男	キツネ
mouton	chèvre	ours	renard(e)
ムトン	シェーヴル	ウルス	ルナール（ド）
キリン 女	象 男	鯨 女	
girafe	éléphant	baleine	
ジラフ	エレファン	バレヌ	

74 *ニワトリの鳴き声：cocorico!（ココリコ）

魚 男 poisson ポワソン	チョウ 男 papillon パピヨン	食用の comestible コメスティーブル
女 tortue トルテュ	カエル 女 grenouille グルヌイユ	イルカ 男 dauphin ドファン	ヘビ 男 serpent セルパン
蚊 男 moustique ムスティック	ハエ 女 mouche ムーシュ	ハチ 女 abeille アベイユ	クモ 女 araignée アレニエ
海草 女 algue アルグ	ゴキブリ 男 cafard カファール	這う虫 男 ver ヴェール	昆虫・虫 男 insecte アンセクトゥ
木 男 arbre アルブル	草 女 herbe エルブ	草 女 feuille フィユ	かえで 男 érable エラーブル
花 女 fleur フルール	バラ 女 rose ローズ	チューリップ 女 tulipe テュリップ	すずらん 男 muguet ムゲ
森 女 forêt フォレ	畑 男 champ シャン	田 女 rizière リズィエール	温泉 男複 eaux オ thermales ターマル
山 女 montagne モンターニュ	海 女 mer メール	湖 男 lac ラック	池 男 étang エタン

生き物

その他

75

住所を尋ねる　les coordonnées
レ コオルドネ

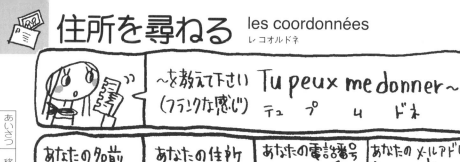

~を教えて下さい（フランクな感じ）　Tu peux me donner ~
テュ　プ　ム　ドネ

あなたの名前	あなたの住所	あなたの電話番号	あなたのメルアドレス
ton nom トン　ノン	ton adresse トン　ナドレス	ton numéro トン　ヌメロ de téléphone ドゥ　テレフォン	ton adresse トン　ナドレス e-mail イーメル

Facebook	X (twitter)	Instagram
Facebook フェイスブック	X (twitter) イクス　トゥイトゥー	Instagram アンスタグラム

あなたに~を送りたいです　Je voudrais t'envoyer ~
ジュ　ヴドゥレ　タンヴォワイエ

手紙	写真	ここに書いて！ ＊
une lettre ユヌ　レットゥル	une photo (1枚) ユヌ　フォト des photos (いっぱい) デ　フォト	Ecris-le ici S.T.P. エクリ　ル　イスィ　スィルトゥプレ

＊親しい人、友だちに対しての言い方。敬語を使いたいような人、目上の人など、丁寧な言い方は裏表紙を見てください。

第2部

フランスで楽しく会話するために

"第2部"では、フランスでの
コミュニケーションのコツを解説しています。
話す力も、話す内容の幅も確実にワンランクアップできます。

フランスについて

　ここでは、フランスの学生を主にしたフランスの生活を話したいと思います。

　留学についてとか、フランスの生活についてなどという本は面白いもの、ためになるものが巷にたくさんあると思うので、ここではそのこぼれ話を。

　フランスでは、高校を卒業するとバカロレアというテストを受けます。これは、上の学校に進む資格になるもので、全国共通です。

　このテストに合格すると、無事大学やグランゼコールといった学校へ進学できるようになるわけです。グランゼコールとは、一般には入学試験があり、かなり厳しいものです。そのための学校（予備校みたいなもの）に通ったりして準備をすることが多いです。

　大学は、入学試験というものはなく、入りたい学部に書類を出せば基本的には入れます。授業料はとても安く（私がいたころは年間で約 15,000 円ぐらいでした）、それでも払えない人、家庭が経済的に厳しい人には政府が援助をしてくれます。

　これは、自由、平等、同胞愛 (liberté, égalité, fraternité) 精神のもと、誰でも学びたいと思う者にチャンスを与えるというもの。

　とても、素晴らしい精神なのですが……。その分、新学期には実に多くの生徒が教室を埋めることになります。とくに、法学部や医学部は大変。みんな、弁護士やお医者さんを目指して入ってくるようで、教室には入りきれないほどの生徒たちが……。

　入学すると（入学式というものはありません）学生同士の新入生歓迎会のようなものがあります。これは、決して心なごむものではありません。

　私は 1 度、大学の前にある池（水がほとんどなくなっているところ）で、新入生の女学生がトランクス 1 つで上半身はほとんど何も着けずに立たされ、その周りを先輩であろう男子学生が取り巻き、騒いでいるのを見ました。取り巻いている学生たちは楽しんでいるのかもしれませんが、通り過ぎながら目にする私のような通行人には目を覆いたくなるような光景でした。

　無事大学生活が始まっても、まず、1 年目の授業はとても厳しく、だからといってサボっていると、テストで容赦なく落とされ、辛抱してこつこつと学んでいる者だけが残っていくわけです。

　大学は何度も留年できるわけではないので、先の見えなくなった学生は仕事に就くとか、もっと専門の学校に行くとか、もう 1 度勉強し直してグランゼコールをめざすとか、本気で自分の将来や自分の適性を考えることになります。

　ここで、外国人がフランスの大学に正規入学したいときについてひとこと。

　細かい入試についてはここでは省きますが、大学に入る場合、一般的には大学入学許可と

して、フランス語のレベルを証明する全国共通試験を受けなくてはなりませんが、これがかなり高レベルです。

そして、やっと合格して、大学から許可を得た後も、前に述べたように、ホントに大変です。毎日書き取りのような授業をこなし、山ほどの本を読み、年2回のテストを受け、また論文も提出しなくてはなりません。覚悟が必要です。

次に、フランスのカップルについて。フランスでは誰もが同棲をして男女関係が自由で、というイメージがあるように思いますが、決して一概にはそうは言えない気がします。ただ同棲するカップルはわりと多くて、もちろんそれぞれの家族も承認の上で、ということがほとんどです。社会的にもよほどのことでない限り問題はありません。

ただ、この同棲、今でこそ何でもないことですが、決して昔々から認められていたわけではありません。

フランスは政府が公的に同棲（concubinage）というカップルのあり方を認めていて、役所に届けを出すこともできます。ただ、結婚に対してどこまで公的な権利を認めるかということになると、問題はいろいろ出てきます。

いろいろなことを経てできた家族のつながりはとても強く感じられました。

とくに、息子の母親に対する愛情は日本だったらマザコンといわれそうで、私は何度か驚かされました。たまに、若い男性と年配の女性が仲良さそうに、洋服を探していたりと、向こうでは反抗期はないのかと思うぐらい男の子がママン（お母さん）を慕って、プレゼントをしたり、一緒に食事やショッピングに行ったりします。

友達同士で話すときも、ママンのことを悪く言うどころか、ママンのためにおいしいレストランを教えあったり、ママンのためのプレゼントを自慢しあったり。母親になるならフランス！　と強く思いました。

私は幸か不幸かその機会には恵まれず、こうして日本で思い出話をしていますが。

フ ラ ン ス 語 に つ い て

フランス語を話す達は、フランス以外にもヨーロッパのベルギーやスイス、ルクセンブルグ、カナダの一部の州や、アフリカの一部の国など、あちこちにいます。そして、それぞれが少し違う単語や発音でフランス語を話しています。

フランス国内だけを見ても、それぞれの地域に方言のようなものや発音の違いがあります。たとえば、ドイツの側のアルザスと海の側でいつも暖かいマルセイユでは発音や話し方がかなり違ってきます。

私から見ると、それぞれの地域の特徴をとても象徴していて、各地の人達は自分の言葉をとても誇りに思っているように見えます。

79

たとえば、南仏に行くと、みんなが歌ってるみたいに話しているようで、こちらまで雄弁になったような気がします。

　第2部だけで、フランス語のすべてを説明するのはとても無理ですが、ただ、フランス語ってこういう言葉なんだなということだけわかってもらえればと思います。少しでもフランス語の基本、例えば、名詞に女性形と男性形があるんだなとか、動詞が変化するのだなということがわかるだけで、フランス語がずっと身近に感じられてくるのではないかと思います。

アルファベット（alphabet アルファベ）の読み方

A アー	B ベー	C セー	D デー	E ウー	F エフ	G ジェー	H アッシュ	I イー
J ジー	K カー	L エル	M エム	N エヌ	O オー	P ペー	Q キュー	R エール
S エス	T テー	U ユー	V ヴェー	W ドゥブルヴェ	X イクス	Y イグレック	Z ゼッド	

名詞

　フランス語の名詞は、男性形と女性形に分かれています。そして、複数形にするときは、通常、単数形にsをつけます。

　この本では、男性名詞は（男）、女性形は（女）複数形は（複）とつけてあります。また、第3部、第4部の単語集内は男性形は(m.)、女性形は(f.)複数形は(pl.)で示してあります。

　名詞の女性形と男性形は覚えるのは大変ですが、フランス語を話すときに、きちんとした冠詞で話すと、フランス語がぐんとレベルアップしますので、少しずつ覚えていってください。

冠詞

　冠詞は名詞の前につくものですが、3種類あり、それぞれ後に来る名詞が女性形か男性形か、単数か複数かで変化します。

1）不定冠詞

　不特定のもの、はじめて話にでるもの、つまり "ある、ひとつの、いくつかの" という単

語をさすときにつけます。

un （アン）＋　男性形名詞単数

une（ユヌ）＋　女性形名詞単数

des（デ）＋　男性／女性名詞複数形

例：**un** billet　　　一枚の切符

　　une baguette　１本のフランスパン

　　des stylos　　　いくつかのペン

２）定冠詞

　特定のもの、すでに話の中に出てきたものをさすときにつけます。

le（ル）　＋　男性形名詞単数

la（ラ）　＋　女性形名詞単数

les（レ）　＋　男性／女性名詞複数形

例：**le** train　　　（その）電車

　　le billet　　　（その）切符

　　les billets　　（それらの）切符

（特定された電車、切符、あるいはすでに話に出ている電車、あるいは切符について話すとき）

＊固有名詞の場合（国名、駅名、建物の名前等）も定冠詞がつきます。

例：**la** France　　　フランス

　　la gare de Tokyo　　　東京駅

le, la の後に母音（a,i,u,e,o）或いは発音しないh で始まる名詞がくるときは l' になります。

例：**l'**autobus（le ＋ autobus）

　　l'heure（la ＋ heure）

　　l'aéroport de Narita (le+aéroport)

３）部分冠詞

　数えられない名詞の一部を示すときに使います。

　たとえば、水は数えられないもの、肉も１切れとか、グラムとかで特定しなければ数えることはできません。複数形はありません。

du（デュ）＋　男性名詞単数形　《de le が縮まって du になります》

de la（ドゥ ラ）＋　女性名詞単数形

例：**du** vin　　　ワイン

81

de la viande　肉

du sel　　　塩（塩でも、瓶などに入ったものを指す場合は **le sel** となります）

例：テーブルにある塩をとってもらう場合は Vous pouvez me passer le sel S.V.P.

du,　**de la** の後に母音（**a,i,u,e,o**）あるいは発音をしないh で始まる名詞がくるときは、
de l' になります。

例：**de l'**eau　　　水

　　de l'agneau　　子羊の肉

前置詞

à　　　　　～に　　Je vais **à** l'école　学校に行く。

en　　　　～に　～で　Je suis **en** France.　私はフランスにいます。

de　　　　～から　～の　Je viens **de** Paris　私はパリから来た。

avec　　　～といっしょに　Je suis **avec** ma fille.　私は娘と一緒です。

sans　　　～無しに　**sans** réservation　予約無しに

pour　　　～の為に　　**pour** mon fils　私の息子の為に

contre　　～に反して　Ils jouent **contre** l'equipe japonaise　日本チームと対戦する。

dans　　　～の中に　**dans** la chambre　部屋の中で（に）

sur　　　　～の上に　**sur** la table　テーブルの上に

sous　　　～の下に　**sous** la chaise　いすの下

comme　　～のような、～として

　　　　　　　　　　　　comme chez vous あなたの家のように（くつろいでください）

chez　　　～のところに　Venez **chez** moi.　私の家へ来てください。

par　　　　～によって　～を **par** carte de crédit　クレジットカードで

vers　　　～の方へ　～の頃　**vers** Paris パリの方へ　**vers** midi　お昼頃

à の後に定冠詞の le がくると au（オ）となり、à の後に定冠詞の les が来ると、aux（オ）
となります。

à + le → au

à +les → aux

例：Je vais **au**　（=à + le）Japon 日本に行く

de の後に定冠詞の le がくると du（デュ）となり、de の後に定冠詞の les が来ると、des（デ）
となります。

de + le → du

de + les → des

(82)

例：Je viens **du** (=de+le) Japon　日本から来る

形 容 詞

原則として名詞の後につき、名詞の性と数で変化します。

多くの形容詞は男性形に e をつけると女性形になり、s をつけると、複数形になります。

例：**Le ciel bleu.**　青い空

－ **ciel**- 空は男性形で単数のため、形容詞の **bleu** は男性形単数変化

　　Une voiture bleue.　1 台の青い車

－ **voiture**- 車は女性形でここでは単数のため、形容詞の **bleu** に e がついて女性形単数変化

　　2 voitures bleues.　2 台の青い車

前文の **voiture**- 車が複数になったので、形容詞 **bleu** に voiture が女性形なので e がつき、複数形のため **s** がついて女性形複数変化

ただし、**petit(e)** プティ（ットゥ）小さい、**grand(e)** グラン（ドゥ）大きい、**mauvais(e)** モヴェ（ーズ）悪い、**bon(ne)** ボン（ヌ）良いなど、一部の形容詞は名詞の前につきます。

例：

une **petite** fleur.　小さな花

un **bon** film.　良い映画

1 ）指示形容詞 （この）

ce（ス）　＋　男性名詞単数

cette（セットゥ）　＋　女性名詞単数形

ces（セ）　＋　男性 / 女性形名詞複数

例：この小説　　　　　　　**ce** roman（**roman** は男性形単数）

　　この時計　　　　　　　**cette** montre（**montre** は女性形単数）

　　これらのレストラン　　**ces** restaurants（**restaurants** は複数形）

ただし、男性形の単語の前に付く時、**ce** の後ろに母音（**a,i,u,e,o**）或いは発音しない **h** で始まる名詞がくるときは cet（セットゥ）になります。

例：**cet** acteur　この俳優

2 ）所有形容詞 （〜の）

所有する名詞の性と数で、変化します。

例えば「私の〜」と言いたい場合、後に続く名詞が女性形の場合は **ma,** 男性名詞の場合は **mon** になります。

＊女性名詞でも母音字や無音の h で始まる語が続く場合は（　）で示したように男性形を使います。

	男性単数	女性単数＊	男女複数
私の	mon モン	ma マ (mon) モン	mes メ
君の	ton トン	ta タ (ton) トン	tes テ
彼の／彼女の	son ソン	sa サ (son) ソン	ses セ
私たちの	notre ノートゥル		nos ノ
あなたの（あなたたちの）	votre ヴォートゥル		vos ヴォ
彼らの（彼女らの）	leur ルール		leurs ルール

例： **mon** portefeuille 　　私の財布（男性形　単数）
　　　ma maison 　　　　　私の家（女性形　単数）
　　　mes parents 　　　　　私の両親（複数形）
　　　notre maison 　　　　私たちの家（単数形）
　　　nos parents 　　　　　私たちの両親（複数形）

３）疑問形容詞（どの、どんな、どれ）

quel（ケル）　＋　男性名詞単数
quelle（ケル）＋　女性名詞単数
quels（ケル）　＋　男性名詞複数
quelles（ケル）＋　女性名詞複数
例： **quel** train どの列車 （⇒ train 列車は男性名詞単数）
　　　quelle bague どの指輪（⇒ **bague** は女性名詞単数）

主語と動詞

ここから、文章を作っていきます。

ここまでで、名詞に男性形と女性形があり、その前や後につくものがその名詞によって変化するということがわかったと思います。一番厄介なのがその名詞と形容詞を主語と動詞で文章にするときに、動詞が主語によって変化していくことです。

まず、主語の代名詞（私、君、あなた、彼、彼女、私たち、彼たち、彼女たち）の説明から。

1）主語

私は	君は	彼は（それは）	彼女は（それは）
je ジュ	tu テュ	il イル	elle エル
私たちは	あなたは あなた達は	彼らは それらは	彼女たちは それらは（女性形）
nous ヌ	vous ヴ	ils イル	elles エル

第1部でも、しばしば目上の人に言うときと、親しい人に言うときの二通りの表現が載っていたことにお気付きかと思います。

相手に対して、初めての人、目上の人などには、主語に **vous**（ヴ）を使います。逆に、親しい人、友達には主語に **tu**（テュ）を使います。学生同士やフランクな場所で知り合ったときなどは、初対面でも **tu** で話し始めることも……。

我々が日本語で知り合ってすぐに、敬語を使わずに話し出す時があるのと同じだと思って使い分けは臨機応変に。また、こちらが **vous** で話していると、たまに、相手の方から **tu** で話しましょうと言ってくることもあります。

また、生き物でなくても、名詞を代名詞で指す場合は、その単語が男性形名詞か女性形名詞かで il あるいは elle で言い分けます。

例：j'ai acheté des fleurs. **Elles** sont belles.

私は花を買いました。それら（花＝女性形）はきれいです。

2）動詞

次に、動詞です。動詞は主語によって変化をします。そして、その変化の仕方は動詞によっ

ていくつもの種類があり、ここでは、最も基本形の動詞変化の仕方のみを記しておきます（例外も多くありますので基本のみ理解してください）。

　動詞は主語に対応して変形しているので、主語と共に明記しておきます。

Avoir（アヴォワール）持っている

j'ai	ジェ	nous **avons**	ヌ　ザヴォン
tu **as**	テュ　ア	vous **avez**	ヴ　ザヴェ
il **a**	イ　ラ	ils **ont**	イル　ゾン
elle **a**	エ　ラ	elles **ont**	エル　ゾン

Être（エートゥル）いる、である

je **suis**	ジュ　スイ	nous **sommes**	ヌ　ソム
tu **es**	テュ　エ	vous **êtes**	ヴ　ゼットゥ
il **est**	イ　レ	ils **sont**	イル　ソン
elle **est**	エ　レ	elles **sont**	エル　ソン

Aller（アレ）行く

je **vais**	ジュ　ヴェ	nous **allons**	ヌ　ザロン
tu **vas**	テュ　ヴァ	vous **allez**	ヴ　ザレ
il **va**	イル　ヴァ	ils **vont**	イル　ヴォン
elle **va**	エル　ヴァ	elles **vont**	エル　ヴォン

er 動詞（動詞の変化する前の形が er で終わっている）

例：aimer（エメ）愛する 好む

j'**aime**	ジェム	nous **aimons**	ヌ　ゼモン
tu **aimes**	テュ　エム	vous **aimez**	ヴ　ゼメ
il **aime**	イ　レム	ils **aiment**	イル　ゼム
elle **aime**	エ　レム	elles **aiment**	エル　ゼム

ir 動詞　（動詞の変化する前の形が ir で終わっている）

例：finir（フィニール）終える

je **finis**	ジュ　フィニ	nous **finissons**	ヌ　フィニソン
tu **finis**	テュ　フィニ	vous **finissez**	ヴ　フィニセ
il **finit**	イル　フィニ	ils **finissent**	イル　フィニス
elle **finit**	エル　フィニ	elles **finissent**	エル　フィニス

86

dre（動詞の変化する前の形が **dre** で終わっている）動詞

例：prendre（プランドゥル）とる

je **prends**	ジュ　プラン	nous **prenons**	ヌ　プルノン
tu **prends**	テュ　プラン	vous **prenez**	ヴ　プルネ
il **prend**	イル　プラン	ils **prennent**	イル　プレン
elle **prend**	エル　プラン	elles **prennent**	エル　プレン

代名詞

補語人称代名詞（～に）（～を）

私を 私に	me ム			
君を 君に	te トゥ			
彼を それを（男性形の代名詞）	le ル	彼に 彼女に		lui リュイ
彼女を それを（女性形の代名詞）	la ラ			
私たちを 私たちに	nous ヌ			
あなた（達）を あなた（達）に	vous ヴ			
彼らを　彼女らを それらを	les レ	彼らに 彼女らに		leur ルール

例：**Je te contacterai.**　私はあなたに連絡します。

では最後に、すべてを合わせて文章にしてみます。

> **Je suis japonaise.**　私（女性）は日本人です。

Je ＋ suis ＋ japonaise

主語＋動詞 être の活用形＋名詞

> **Il aime sa grande maison.**　彼は彼の大きな家が大好きです。

Il ＋ aime ＋ sa ＋ grande ＋ maison

主語＋動詞 **aimer** の活用形＋所有形容詞（彼の）＋形容詞＋名詞

grand(e) は名詞の前につく形容詞

なんとなくわかってもらえたでしょうか。

上の文でもわかるように、基本文は、主語＋動詞＋目的語になります。

否定形 / 疑問形

否定形にしたい時は、動詞を **ne**（ヌ）と **pas**（パ）ではさみます。

上の文を否定形にすると、下の文のようになります。

Je ne suis **pas** japonaise.　私は日本人ではありません。

疑問形にしたいときは、3つ方法があり、そのまま文章の終わりを上げて発音する、というのが一番簡単な方法です。

本文で最も使ったのは、主語と動詞をひっくり返すやり方です。

Tu parles japonais（君は日本語を話す）　→　**Parles-tu japonais ?**

もうひとつは　肯定文に **Est-ce que** をつけるものです。

Est-ce que tu parles japonais ?

すべてを第2部で紹介するのはむずかしいのですが、これでなんとなくフランス語のつくりがわかってもらえたかと思います。

フランス語は音や、単語1つ1つをとても大切にしたきれいな言語です。

この本が、フランス語を始める第一歩になったとしたらうれしいです。

日本語→フランス語 単語集

"第3部"では約2500の単語を収録しています。旅行者にとって必要度の高い言葉、深い内容を話すための言葉を厳選しています。

単語集の使い方
①名詞は＜男性名詞＞の後ろには(m)が、＜女性名詞＞の後ろには(f)がついています。
②複数形で使う単語は複数にして(pl.)とついています。
③形容詞は男性形で書いてあります。女性形は( )内をつけてください。語尾が変化するときは変化する個所がイタリック体になっています。全部イタリック体の場合は、女性形は( )内になる、という意味です。
④動詞はすべて原形での表記となっています。
⑤上記のアルファベット以外で、( )の中にアルファベットが入っている場合は女性形にするときにつけてください。
例：(e)(le)

あ行

愛 / 愛情 ....amour(m)
　愛国心 ....patriotisme(m)
　愛国者 ....patriote
　愛妻家 ....bon mari(m)
　愛称 ....surnom(m)
　愛人（男）.....amant(m)
　愛人（女）.....maîtresse(f)
　愛する ....aimer
相変わらず ......toujours
あいさつ ....salut(m)
アイスコーヒー café glacé(m)
あいつ ....ce type-là(m)
アイデア ....idée(f)
空いている ....libre
アイルランド系の irlandais(e)
アイロン ....fer(m)
会う ....voir
アウトドア.......de plein air
青い ....bleu(e)
赤い ....rouge
あかちゃん......bébé(m)
赤身（肉の）.....viande rouge(f)
明かり ....lumière(f)
明るい ....clair(e)
明るい（性格）gai(e)
秋 ....automne(m)
空き巣 ....cambrioleur(se)
あきらめる.......renoncer
飽きる ....se fatiguer
アクセサリー ...bijou(m)
アクセント.......accent(m)
悪魔 ....diable(m)
悪名高い ....notoire
悪夢 ....cauchemar(m)
アクリル ....acrylique(m)
開ける ....ouvrir
上げる（上に）monter
あげる（人に）donner
揚げる ....faire frire
あこがれる.......rêver de
あごひげ ....barbe(f)
朝 ....matin(m)
あさって ....après-demain
アサリ ....palourde(f)
足 ....pied(m)
脚 ....jambe(f)
味 ....goût(m)
　味見する.......goûter
アジア ....Asie(f)
足首 ....cheville(f)
明日 ....demain
あずける ....déposer
汗 ....sueur(f)
あそこ ....là
遊ぶ ....jouer
遊びに行く ......sortir

暖かい ....chaud(e)
頭 ....tête(f)
　頭がいい......intelligent(e)
頭の悪い ....stupide
暖める ....chauffer
アダプター.......adaptateur(m)
新しい..............nouveau(elle)
あたり前 ....normal(e)
厚い ....épais(se)
暑い ....chaud(e)
アップデート（する）..mise à jour
集まり ....rassemblement(m)
集める ....rassembler
　集まる ....se rassembler
あとで..............après
後をつける......suivre
当てる ....atteindre
穴 ....trou(m)
あなた..............vous
　あなたたち ...vous
　あなたの......votre
あなたのもの ...votre
あの ....ce
　あの頃 ....à l'époque
兄 ....grand frère(m)
姉 ....grande sœur(f)
アパート ....appartement(m)
アヒル..............canard(m)
アフターシェーブ..après-rasage(m)
あぶない ....dangereux(se)
油 ....huile(f)
アフリカ ....Afrique(f)
脂身 ....gras(m)
あまい..............sucré(e)
雨 ....pluie(f)
雨がちの ....pluvieux
アメリカ ....Amérique(f)
アメリカ合衆国 ...États-Unis(m.pl.)
アメリカ的な ...américain(e)
あやしい ....douteux(se)
謝る ....s'excuser
洗う ....laver
アラスカ ....Alaska(m)
ありがとう......merci
あるいは ....ou
あるく..............marcher
アルコール......alcool(m)
アルバイト......job(m)
あれ ....ça, cela
あれら..............ces
アレルギー......allergie(f)
アロマテラピー ...aromathérapie(f)
暗記する ....mémoriser
暗証番号 ....code secret(m)
安心 ....tranquillité(f)
安全 ....sécurité(f)
安全な ....sûr(e)
アンダーヘア ...poils du pubis(m)

案内する ....guider
胃 ....estomac(m)
イアリング.......boucle d'oreille(f)
いい ....bien
言い争う ....se disputer
いいかげん......peu sûr(e)
いいえ..............non
イースター.......Pâques(f.pl.)
E メール ....e-mail(m)
言い訳..............excuse(f)
言う ....dire
家（家庭）.......famille(f)
家（建物）.......maison(f)
胃炎 ....gastrite(f)
イカ ....calmar(m)
胃潰瘍..............ulcère gastrique(m)
〜以外..............sauf
息 ....haleine(f)
行き先..............destination(f)
生きている.......vivant
イギリス ....Angleterre(f)
イギリス風の ...anglais(e)
生きる..............vivre
行く ....aller
いくつ..............combien
いくつかの.......quelques
いくら..............combien
池 ....étang(m)
意見 ....avis(m)
居心地が良い ...à l'aise
居心地が悪い ...mal à l'aise
石 ....pierre(f)
石綿 ....amiante(m)
意地悪な ....méchant(e)
維持する ....maintenir
医者 ....médecin(m)
異常 ....anormal(e)
〜以上..............plus de
椅子 ....chaise(f)
イスラム教.......islam(m)
　イスラム教徒 musulman(e)
遺跡 ....vestiges(m.pl.)
以前 ....avant
いそがしい.......être occupé(e)
いそぐ..............se dépêcher
痛い ....avoir mal à
偉大 ....grand(e)
いたずら ....bêtise(f)
痛み ....douleur(f)
炒める ....faire sauter
イタリア ....Italie(f)
イタリア人.......Italien(ne)
1 ....un(e)
1 月 ....janvier
イチゴ..............fraise(f)
1 日おき ....tous les deux jours
1 日券..............forfait pour la journée(m)
1 日中..............une journée(f)

市場 ....marché (m)	ウイスキー ....whisky	絵 ....peinture(f)
いちばん ....prem*ier*(ère)	ウール ....laine(f)	絵をかく ....peindre
胃腸薬	上 ....sur	エアコン ....air conditionné(m)
médicament pour l'estomac et l'intestin(m)	ウエイター ....serveur(m)	エアロビクス ....aérobic(m)
1回 ....une fois	ウエイトレス ....serveuse(f)	映画 ....cinéma(m)
1階 ....rez-de-chaussée(m)	浮く ....flotter	映画館 ....salle de cinéma(f)
1週間 ....une semaine(f)	受付 ....réception(f)	永久の ....éternel(le)
いっしょ ....ensemble	受け取る ....recevoir	影響 ....influence(f)
一生 ....toute la vie	受身の ....passif(ve)	営業時間 ....heures d'ouverture (f.pl.)
いっぱい ....plein de	ウサギ ....lapin(m)	英語 ....anglais(m)
一般的に ....généralement	牛 ....bœuf(m)	エイズ ....sida(m)
一方的に ....unilatéralement	うしなう ....perdre	絵描き ....peintre(m)
いつ ....quand	後ろ ....derrière	衛生的 ....hygiène(f)
いつも ....toujours	うすい ....mince	英雄 ....*héros*(héroïne)
糸 ....fil(m)	うそ ....mensonge(m)	栄養 ....nutrition(f)
いとこ ....cousin(e)	歌 ....chanson(f)	笑顔 ....sourire(m)
いなか ....campagne(f)	歌う ....chanter	駅 ....gare(f)
田舎の ....provincial(e)	疑い ....doute(m)	エステ ....salon de beauté(m)
犬 ....chien(ne)	疑う ....douter	エネルギー ....énergie(f)
稲 ....riz(m)	内気な ....timide	絵はがき ....carte postale illustrée(f)
命 ....vie(f)	宇宙 ....univers(m)	エビ ....crevette(f)
いのる ....prier	打つ ....frapper	えらい ....grand(e)
いばった ....arrogant(e)	撃つ ....tirer	選ぶ ....choisir
違反 ....violation(f)	うつくしい ....*beau*(belle)	エリ（襟）.......col(m)
いびき ....ronflement(m)	腕時計 ....montre(f)	得る ....obtenir
違法な ....illégal(e)	移す ....déplacer	宴会 ....banquet(m)
今 ....maintenant	訴える ....poursuivre	延期する ....reporter
居間 ....living-room(m)	写し ....copie(f)	演劇 ....théâtre(m)
意味 ....sens(m)	腕 ....bras(m)	エンジニア ....ingénieur(m)
移民 ....immigration(f)	うなぎ ....anguille(f)	援助する ....aider
妹 ....petite sœur(f)	奪う ....tirer	炎症 ....inflammation(f)
嫌になる ....avoir marre de	馬 ....cheval(m)	エンジン ....moteur(m)
イライラする ....s'énerver	上手い ....bien	演説 ....discours(m)
イラストレーター ....illustr*ateur*(rice)	生まれる ....naître	演奏する ....jouer
いらない ....inutile	海 ....mer(f)	遠足 ....excursion(f)
入り口 ....entrée(f)	海、大洋 ....océan(m)	延長する ....prolonger
医療（関連）の ....médical	産む ....accoucher	エンピツ ....crayon(m)
衣料品店 ....magasin de vêtements(m)	裏 ....envers(m)	遠慮する ....se gêner
要る ....nécessaire	裏切る ....trahir	甥 ....neveu(m)
居る ....rester	裏庭 ....arrière-cour(f)	おいしい ....délicieux(se)
色 ....couleur(f)	うらみ ....rancune(f)	オイル ....huile(f)
色とりどりの ....coloré(e)	うらやましい ....envieux(se)	王様 ....roi(m)
いろいろ ....varié(e)	売る ....vendre	追う ....poursuivre
岩 ....roche(f)	売り場 ....guichet(m)	応援する（〜を）..encourager
いわう ....fêter	上着 ....veste(f)	横断歩道 ....passage protégé(m)
印鑑 ....sceau(m)	うるさい ....bruyant(e)	往復 ....aller et retour(m)
印刷する ....imprimer	うれしい ....heureux(se)	多い ....beaucoup
印象 ....impression(f)	売れ残り ....invendu(e)	大きい ....grand(e)
インシュリン ....insuline(f)	浮気 ....aventure(f)	大きさ ....grandeur(f)
インスタントの ....instantané(e)	噂 ....rumeur(f)	おおげさ ....exagéré(e)
インターネット ....Internet (m)	運 ....chance(f)	オーケストラ ....orchestre(m)
引退 ....retraite(f)	運がいい ....être chanceux(se)	OK ....d'accord
インド ....Inde(f)	うんちをする（子供）faire caca	オーストラリア ....Australie(f)
インドネシア ....Indonésie(f)	運賃 ....tarif(m)	オートバイ ....moto(f)
インフルエンザ ....grippe(f)	運転する ....conduire	オーブン ....four (m)
インフレ ....inflation(f)	運転手 ....chauffeur	丘 ....colline(f)
インポテンツ ....impuissance(sexuelle)(f)	運転免許証 ....permis de conduire(m)	おかしい ....drôle
飲料水 ....eau potable(f)	運動 ....exercice(m)	お金 ....argent (m)

起きる ....se lever
置く ....poser
奥様 ....dame(f)
送る ....envoyer
贈る ....offrir
遅れた、遅れる ...en retard
起き上がる......se lever
起きる (目覚める) .se réveiller
贈り物.............cadeau(m)
起こす.............relever
怒った.............en colère
おこなう ....faire
怒る ....se fâcher
おじ ....oncle(m)
惜しい.............dommage
おじいさん......grand-père (m)
教える.............enseigner
お辞儀.............inclination(f)
おしっこ ....pipi(m)
おしゃべりな ...bavardage(m)
オス ....male(m)
押す ....pousser
おそい.............tard
襲う ....attaquer
恐れ ....peur(f)
穏やかな ....doux(ce)
落ちる.............tomber
夫 ....mari(m)
音 ....son(m)
弟 ....petit frère(m)
男 ....homme(m)
　男の子 ....garçon(m)
男やもめ ....(homme)veuf(m)
落とす.............faire tomber
　落とし物.......objet perdu(m)
訪れる.............rendre visite à
おととい ....avant-hier
おとな.............adulte
おとなしい.......calme
大人の (落ち着いた) ..mature
踊る ....danser
　踊り.............danse(f)
驚いた.............étonné(e)
驚かせる ....surprendre
おどろく ....s'étonner
お腹がすく.......faim
同じ ....même
おなら.............pet(m)
オナニー ....masturbation(f)
おば ....tante(f)
オバケ.............fantôme(m)
オプションの...être option(f)
オペラ.............opéra(m)
覚えている.......se revenir
溺れる.............se noyer
おまえ.............tu
　おまえに.......toi

おまえの.......ton
お守り.............amulette(f)
オムレツ ....omelette(f)
おめでとう.......félicitations (f.pl.)
重い ....lourd(e)
　重さ.............poids(m)
思う ....penser
思い出す.......se rappeler
思い出 ....souvenir(m)
思いやりのある ...prévenant(e)
おもしろい.......amusant(e)
おもちゃ ....jouet(m)
表 ....face(f)
親 ....parent(m)
　親孝行 ....être dévoué(e) à ses parents
　親不孝 ....ingrat(e)
おやすみなさい...bonne nuit
泳ぐ ....nager
およそ～ ....environ
オランダ ....Pays-Bas(m.pl.)
織物 ....tissu(m)
降りる.............descendre
折る ....plier
オレンジ ....orange(f)
終わる.............finir
　終わり ....fin(f)
恩 ....obligation(f)
　恩知らず......ingratitude(f)
音楽 ....musique(f)
音楽家.............musicien(ne)
温泉 ....eaux thermales(f.pl.)
温度 ....température(f)
女 ....femme(f)
　女の子 ....fille(f)

か行

蚊 ....moustique(m)
カーテン ....rideau(m)
カード.............carte(f)
貝 ....coquillage(m)
～階 ....étage(m)
～回 ....fois(f)
会員 ....membre(m)
会員証 ....carte d'adhérent(f)
絵画 ....peinture(f)
外貨 ....monnaie étrangère(f)
海外 ....étranger
海岸 ....rivage(m)
会議 ....réunion(f)
海軍 ....armée de mer(f)
会計 ....comptabilité(f)
解決 ....solution(f)
戒厳令.............état de siège(m)
外見 ....apparence(f)
外交 ....diplomatie(f)
外国 ....étranger
　外国人 ....étranger(ère)
　外国製 ....fabriqué(e) à l'étranger

改札口.............accès aux quais(m)
改札機.............composteur(m)
会社 ....entreprise(f)
　会社員 ....salarié(e)
外出する ....sortir
階段 ....escalier(m)
懐中電灯.........lampe de poche(f)
ガイド.............guide(m)
　ガイドブック...guide touristique(m)
解答 ....réponse(f)
回復する ....guérir
解放する ....libérer
開放する ....ouvrir
　開放的性格 ...caractère franc(m)
買い物.............courses (f.pl.)
潰瘍 ....ulcère(m)
改良する ....améliorer
会話 ....conversation(f)
買う ....acheter
飼う ....élever
カウチ.............canapé(m)
カエデ.............érable(m)
カエデの葉.......feuille d'érable(f)
返す ....rendre
カエル.............grenouille(f)
変える.............changer
帰る ....rentrer
顔 ....visage(m)
香り ....parfum(m)
　いい香りがする..sentir bon
画家 ....peintre(m)
価格 ....prix(m)
科学 ....chimie(f)
化学 ....science(f)
鏡 ....miroir(m)
牡蠣 ....huître(f)
カギ ....clef/clé(f)
　カギをかける ..fermer à clef
書き留める.......noter
かきまぜる.......remuer
書留 ....recommandé(m)
　簡易書留......simple recommandé(m)
　書留手紙......lettre en recommandé(m)
書く ....écrire
掻く ....gratter
核の ....nucléaire
家具 ....meuble(m)
確信する ....être convaincu(e)
かくす.............cacher
学生 ....étudiant(e)
学部 ....faculté(f)
革命 ....révolution(f)
かくれる ....se cacher
影 ....ombre(f)
賭ける.............parier
　賭けごと.......pari(m)
過去 ....passé(m)

92

カゴ	panier(m)	
傘	parapluie(m)	
飾り	ornement(m)	
飾る	décorer	
火山	volcan(m)	
菓子	sucrerie(f)	
菓子屋	pâtissier(ère)(f)	
歌詞	paroles (f.pl.)	
家事	ménage(m)	
火事	incendie(m)	
かしこい	intelligent(e)	
カジノ	casino(m)	
貸家	maison à louer(f)	
歌手（男）	chanteur(m)	
歌手（女）	chanteuse(f)	
果樹園	arbre fruitier(m)	
貸す（金を取って）	louer	
貸す（無料で）	prêter	
数	nombre(m)	
1	un(e)	
2	deux(m)	
3	trois(m)	
4	quatre(m)	
5	cinq(m)	
6	six(m)	
7	sept(m)	
8	huit(m)	
9	neuf(m)	
10	dix(m)	
15	quinze(m)	
30	trente(m)	
ガス	gaz(m)	
カスタードプリン	crème caramel(f)	
風	vent(m)	
風邪	rhume(m)	
風邪薬	médicament contre le rhume(m)	
風の強い	venteux(se)	
カセットテープ	cassette(f)	
数える	compter	
家族	famille(f)	
ガソリン	essence(f)	
ガソリンスタンド	poste d'essence(m)	
肩	épaule(f)	
硬い	dur(e)	
形	forme(f)	
かたづける	ranger	
片道	aller(simple)(m)	
片道切符	billet aller(m)	
価値	valeur(f)	
家畜	animal domestique(m)	
勝つ	gagner	
ガッカリした	déçu(e)	
楽器	instrument (de musique)(m)	
学校	école(f)	
カッコいい	chouette	
合唱	chœur(m)	
褐色、銅（色）	brun(m)	

勝手な	égoïste
活動	activité(f)
活動的な	actif(ve)
カツレツ	escalope panée(f)
仮定	hypothèse(f)
家庭	famille(f)
角	coin(m)
カトリック	catholicisme(m)
悲しい	triste
カナダ	Canada(m)
必ず	sûrement
カニ	crabe(m)
金持ち	riche
可能	possible
彼女（代名詞）	elle(f)
カバン	sac(m)
株式会社	société anonyme(f)
カフェ	café(m)
壁	mur(m)
カボチャ	potiron(m)
我慢する	supporter
紙	papier(m)
髪	cheveux (m.pl.)
髪を切る	couper les cheveux
神	Dieu(m)
カミソリ	rasoir(m)
雷	foudre(f)
噛む	mordre
亀	tortue(f)
瓶（カメ）	vase(m)
カメラ	appareil (photo)(m)
カメラマン	photographe
鴨	canard(m)
粥	bouillie de riz(f)
かゆい	démanger à
火曜日	mardi(m)
柄	dessin(m)
カラーフィルム	pellicule en couleurs(f)
辛い	piquant(e)
ガラス	verre(m)
からだ	corps(m)
狩り	chasse(f)
借りる（無料で）	emprunter
借りる（金を払って）	louer
軽い	léger(ère)
ガレージ	garage(m)
彼（代名詞）	il
彼ら（代名詞）	ils
カレンダー	calendrier(m)
皮	peau(f)
川	rivière(f)
かわいい	mignon(ne)
かわいそう	pauvre
乾く	sécher
為替	mandat(m)
変わる	changer
変わり者	original(e)
代わる	remplacer

ガン	cancer(m)
肝炎	hépatite(f)
眼科	ophtalmologie(f)
眼科医	oculiste
考える	penser
考え	idée(f)
感覚	sensation(f)
環境	environnement(m)
環境破壊	destruction de l'environnement(f)
環境問題	problème de l'environnement(m)
缶切り	ouvre-boîte(s)
頑固	obstination(f)
関係	relation(f)
歓迎	(bon)accueil(m)
観光	tourisme(m)
観光客	touriste
観光地	site touristique(m)
韓国	Corée(f)
韓国人	coréen(ne)
看護師	infirmier(ère)
漢字	caractère chinois(m)
感謝する	remercier
患者	patient(e)
感情	sentiment(m)
感じる	sentir
勘定	compte(m)
勘定書	addition(f)
感心する	admirer
（〜に）関する	concernant
肝臓	foie(m)
感想	avis(m)
乾燥機	séchoir(m)
乾燥した	sec(sèche)
簡単	simple
元旦	jour de l'an(m)
簡単な	simple
缶づめ	conserve(f)
監督	directeur(rice)
カンニング	tricherie(f)
乾杯	toast(m)
乾杯！	(À votre) santé!
がんばる	travailler dur
がんばれ！	Courage!
看板	panneau(m)
缶ビール	bière en boîte(f)
漢方薬	médicament chinois(m)
管理人	concierge
木	arbre(m)
木（材質）	bois(m)
〜と気が合う	s'entendre bien avec
〜に気を付ける	faire attention à 〜
気がある	s'intéresser à
気が変わる	changer d'avis
気が動転する	être renversé(e)
気が長い	être patient(e)
気が短い	manque de patience
気が弱い	être timide
気にする	se soucier de

か→き

気になる	se préoccuper de
気を失う	s'évanouir
気を許す	faire confiance à
気圧	pression atmosphérique(f)
キーホルダー	porte-clefs(m)
黄色	jaune(m)
消える	disparaître
記憶	mémoire(f)
気温	température(f)
機械	machine(f)
機会	occasion(f)
着替える	se changer
期間	période(f)
気管支炎	trachéite(f)
聞く、聴く	écouter
効く	agir
危険	danger(m)
危険な	dangereux(se)
期限	délai(m)
機嫌	humeur(f)
気候	climat(m)
帰国する	retourner dans son pays
機材	matériel(m)
既婚	marié(e)
期日	date(f)
技術	technique(f)
キス	baiser(m)
傷	blessure(f)
傷つける	blesser
切り傷	coupure(f)
かき傷	égratignure(f)
打ち傷	contusion(f)
痣	bleu(m)
傷跡	cicatrice(f)
規則	règle(f)
規制	réglementation(f)
犠牲	sacrifice(m)
寄生虫	ver parasite(m)
季節	saison(f)
季節の	saisonnier(ère)
規則	règlement(m)
規則 (ルール)	règle(f)
北	nord(m)
期待する	espérer
きたない	sale
基地	base(f)
貴重品	objet précieux(m)
きつい	dur(e)
キツイ (洋服など)	serré(e)
喫煙する	fumer
喫茶店	café(m)
切手	timbre(m)
切符	ticket(m)
記入する	inscrire
絹	soie(f)
記念	souvenir(m)
記念する	commémorer
記念日	anniversaire(m)

昨日	hier
きびしい	sévère
寄付	contribution(f)
気分	humeur(f)
義父	beau-père(m)
義母	belle-mère(f)
希望する	espoir(m)
希望する	espérer
きまぐれな	capricieux(se)
奇妙な	bizarre
義務	obligation(f)
義務教育	enseignement obligatoire(m)
気難しい	difficile
決める	décider
気持ち	sentiment(m)
気持ちいい	agréable
気持ち悪い	désagréable
疑問	doute(m)
疑問詞	interrogatif(m)
客	invité(e)
客室乗務員	hôtesse de l'air(f)
逆	inverse(m)
キャッシュカード	carte de paiement(f)
キャンセルする	annuler
キャンセル待ち	liste d'attente(f)
9.	neuf(m)
休暇	vacances(f.pl.)
救急車	ambulance(f)
休憩	repos(m)
急行列車	express(m)
休日	jour férié(m)
救助	secours(m)
救助する	sauver
牛肉	bœuf(m)
牛乳	lait(m)
キュウリ	concombre(m)
給料	salaire(m)
今日	aujourd'hui
器用な	adroit(e)
教育	éducation(f)
教会	église(f)
教科書	manuel scolaire(m)
行儀がいい	être bien élevé(e)
行儀が悪い	être mal élevé(e)
競技場	stade(m)
狂犬病	rage(f)
共産主義	communisme(m)
教師	enseignant(e)
行事	fête(f)
競争	compétition(f)
兄弟 (男の)	frère(m)
共通の	commun(e)
郷土料理	cuisine régionale(f)
脅迫する	menacer
興味	intérêt(m)
興味がある	s'intéresser
興味をそそる	intéressant(e)
教養のある人	cultivé(e)

協力する	collaborer
許可	permission(f)
去年	l'année dernière(f)
距離	distance(f)
嫌う(好きではない)	détester
嫌う (憎む)	haïr
霧	brouillard(m)
ギリシャ系の	grec(que)
キリスト教	christianisme(m)
プロテスタント	protestant(e)
カトリック	catholique
切る	couper
着る	mettre
きれいな	beau(belle)
記録	record(m)
キログラム	kilogramme(m)
キロメートル	kilomètre(m)
議論	discussion(f)
気を失う	s'évanouir
金	or(m)
純金	or pur(m)
銀	argent(m)
禁煙する	arrêter de fumer
禁煙 (掲示)	Défense de fumer
近眼	myopie(f)
緊急	urgence(f)
金庫	coffre-fort(m)
銀行	banque(f)
禁止	interdiction(f)
禁止された	interdit(e)
近所	voisinage(m)
近所の人	voisin(e)
近代化	modernisation(f)
緊張する	être nerveux(se)
筋肉	muscle(m)
金髪	cheveux blonds (m.pl.)
勤勉な	appliqué(e)
金曜日	vendredi(m)
区	arrondissement(m)
具合	état(m)
食いしんぼう	glouton(ne)
空気	air(m)
空港	aéroport(m)
偶然	hasard(m)
偶然に	par hasard
空腹	faim(m)
クーラー	climatiseur(m)
9 月	septembre(m)
クギ	clou(m)
草	herbe(f)
くさい	sentir mauvais
腐る	pourrir
腐った	pourrit
くし (串)	broche(f)
くし (櫛)	peigne(m)
苦情を言う	se plaindre
くじら	baleine(f)
くすぐる	chatouiller

薬	médicament(m)
薬屋	pharmacie(f)
くすり指	annulaire(m)
糞	excrément(m)
くだもの	fruit(m)
くだらない	absurde
下る	descendre
口	bouche(f)
口がうまい	flatteur(se)
口が重い	taciturne
口が軽い	loquace
口が悪い	une mauvaise langue
口ひげ	moustache(f)
くちびる	lèvre(f)
口紅	rouge(m)
靴	chaussure(f)
クッキー	biscuit(m)
くつした	chaussette(f)
くっつく	coller
口説く	persuader
国	pays(m)
首	cou(m)
首になる(解雇)	licencié(e)
首飾り	collier(m)
区別	distinction(f)
クモ	araignée(f)
雲	nuage(m)
くもり	nuageux
暗い	sombre
～くらい	à peu près
クラスメート	camarade de classe
クラシック	classique
クラシック音楽	musique classique(f)
グラス	verre(m)
比べる	comparer
グラム	gramme(m)
くり返す	répéter
くり返して！	encore une fois
クリスマス	Noël(m)
クリーニング	blanchissage (m)
来る	venir
くるしい	douloureux(se)
苦しむ	souffrir
狂ってる	être fou(folle)
車	voiture(f)
グレー	gris(e)
クレープ	crêpe(f)
グレープフルーツ	pamplemousse(m)
クレジットカード	carte de crédit(f)
クレンジングクリーム	crème démaquillante(f)
黒い	noir(e)
苦労する	peiner
加える	ajouter
くわしい	détaillé(e)
郡	bande(f)
軍隊	armée(f)
軍人	militaire(m)
毛	cheveu(m)

経営する	gérer
経営	gestion(f)
計画	plan(m)
経験	expérience(f)
傾向	tendance(f)
経済、経済学	économie(f)
経済危機	crise économique(f)
経済成長	croissance économique(f)
警察	police(f)
警察官	policier(m)
警察署	commissariat de police(m)
計算機	calculatrice(f)
計算する	calculer
芸術	art(m)
芸術家	artiste
芸術品	œuvre d'art(f)
芸術的な	artistique
携帯電話	téléphone mobile(m)
競馬	course de chevaux(f)
経費	dépense(f)
軽べつ	mépris(m)
刑務所	prison(f)
契約書	contrat(m)
～経由して	en passant par ～
ケーキ	gâteau(m)
ケガ	blessure(f)
外科	chirurgie(f)
毛皮	fourrure(f)
劇	théâtre(m)
今朝	ce matin(f)
下剤	purgatif(m)
景色	paysage(m)
消しゴム	gomme à effacer(f)
化粧する	se maquiller
化粧品	produits de beauté(m.pl.)
消す	éteindre
削る	tailler
けち	avare
血圧	tension artérielle(f)
血液型	groupe sanguin(m)
結果	résultat(m)
結核	tuberculose(f)
欠陥	défaut(m)
月給	salaire mensuel(m)
月経	règles(f.pl.)
結婚	mariage(m)
結婚記念日	anniversaire de mariage(m)
結婚式	noce(f)
結婚する	se marier
結婚指輪	alliance(f)
決して	jamais
欠席	absence(f)
欠席している	absent(e)
決定	décision(f)
欠点	défaut(m)
ゲップ	rot(m)
月賦	mensualité(f)
月曜日	lundi(m)

解熱剤	antidote(m)
下品な	vulgaire
ゲーム	jeu(m)
けむり	fumée(f)
下痢	diarrhée(f)
下痢どめ	antidiurétique(m)
ける	donner un coup de pied
けれども	mais
県	département(m)
券	billet(m)
原因	cause(f)
ケンカ	querelle(f)
見学する	visite(f)
玄関	entrée(f)
元気ですか？	Comment allez-vous？
研究する	étudier
現金	espèces (f.pl.)
言語	langage(m)
健康	santé(f)
現在	présent(m)
検査	examen(m)
原産地	pays d'origine(m)
研修	stage(m)
原子力	énergie atomique(f)
原子爆弾	bombe atomique(f)
原始的な	primitif(ve)
現像	développement(m)
建築	architecture(f)
建築家	architecte
現地の	sur place
憲法	constitution(f)
権利	droit(m)
5	cinq(m)
5番目	cinquième
5月	mai(m)
濃い	foncé(e)
恋	amour(m)
恋人	amoureux(se)
語彙	vocabulaire(m)
コインランドリー	laverie(f)
幸運	bonheur(m)
幸運な	chanceux(se)
公園	parc(m)
講演	conférence(f)
効果	effet(m)
豪華な	magnifique
硬貨	pièce(f)
後悔する	regretter
公害	pollution(f)
郊外	banlieue(f)
合格する	réussir
交換する	échanger
睾丸	testicule(m)
好奇心	curiosité(f)
抗議する	protester contre
公共の	public(que)
公共の場所	endroit public(m)
工業	industrie(f)

95

航空券	billet d'avion(m)	
航空会社	compagnie aérienne(f)	
航空便で	par avion	
高血圧	hypertension(f)	
口語	langue parlée(f)	
高校	lycée(m)	
広告	publicité(f)	
口座	compte(m)	
交際	relations (f.pl.)	
交差点	carrefour(m)	
工事	travaux (m.pl.)	
工事中	en construction	
子牛	veau(m)	
公衆電話	téléphone publique(m)	
公衆トイレ	toilettes publiques (f.pl.)	
交渉する	négocier	
工場	usine(f)	
香辛料	épice(f)	
香水	parfum(m)	
洪水	inondation(f)	
高層ビル	gratte-ciel(m)	
高速道路	autoroute(f)	
紅茶	thé(m)	
交通	circulation(f)	
交通事故	accident de la route(m)	
強盗	voleur(se)	
興奮する	s'exciter	
公平	équité(f)	
候補者	candidat(e)	
合法な	légal(e)	
公務員	fonctionnaire	
肛門	anus(m)	
交流	échanges(m.pl.)	
口論	dispute(f)	
声	voix(f)	
越える	passer	
コート	manteau(m)	
コード	fil(m)	
コーヒー	café(m)	
凍らせる	congeler	
氷	glace(f)	
こおる	geler	
こおろぎ	grillon(m)	
誤解	malentendu(m)	
コカコーラ	coca-cola(m)	
語学学校	école de langues(f)	
5月	mai(m)	
子会社	filiale(f)	
小切手	chèque(m)	
ゴキブリ	cafard(m)	
故郷	pays natal(m)	
国際的な	international(e)	
国際電話	téléphone international(m)	
国籍	nationalité(f)	
国民	peuple(m)	
国立公園	parc national(m)	
国連	Organisation des Nations Unies(ONU)(f)	

こげる	brûler	
ここ	ici	
午後	après-midi(m)	
心	cœur(m)	
腰	reins(m.pl.)	
乞食	clochard(e)	
コショウ	poivre(m)	
故障で	en panne	
故障する	tomber en panne	
個人	individu(m)	
個人主義の	individualisme	
個性的な	original(e)	
小銭	petite monnaie(f)	
午前	matinée(f)	
答える	répondre	
国歌	hymne national(m)	
国旗	drapeau national(m)	
国境	frontière(f)	
コック	cuisinier(ère)	
骨折	fracture(f)	
小包	colis(m)	
コップ	verre(m)	
事	chose(f)	
孤独な	solitaire	
今年	cette année(f)	
ことば	langage(m)	
こども	enfant	
こどもっぽい	enfantin(e)	
ことわざ	proverbe(m)	
ことわる	refuser	
粉	poudre(f)	
この	ce,cet/cette/ces(m/f/pl.)	
この次	la prochaine fois	
この通り	ainsi	
ごはん	riz cuit(m)	
コピーする	photocopier	
こぼす	renverser	
胡麻	sésame(m)	
ごまかす	tricher sur	
困る	avoir un problème	
ゴミ	ordures (f.pl.)	
ゴミ箱	poubelle(f)	
小麦粉	farine de blé(f)	
米	riz(m)	
ごめんなさい	Excusez-moi	
小指	petit doigt(m)	
ゴルフ	golf(m)	
これ	ceci	
コレラ	choléra(m)	
殺す	tuer	
ころぶ	tomber	
こわい	horrible	
～が怖い	avoir peur de ～	
こわす	casser	
壊れている	cassé(e)	
今回	cette fois-ci	
今月	ce mois	

混雑	bousculade(f)	
コンサート	concert(m)	
今週	cette semaine	
コンセント	prise(f)	
コンタクトレンズ	lentilles (f.pl.)	
コンサルタント	conseiller(ère)	
コンテスト	concours(m)	
コンドーム	préservatif(m)	
困難	difficulté(f)	
こんにちは	bonjour	
今晩	ce soir	
コンピューター	ordinateur(m)	
今夜	ce soir	
婚約する	fiançailles (f.pl.)	
混乱する	confus(e)	

さ行

差	différence(f)	
サービス	service(m)	
サービス料	frais de service(m.pl.)	
サービス料込みで	service compris	
サーフィン	surf(m)	
災害	désastre(m)	
再確認する	réaffirmer	
再会する	revoir	
最近	récemment	
細菌	bactérie(f)	
サイクリング	randonnée à bicyclette(f)	
最後	fin(f)	
最高の	*le meilleur* (la meilleure)	
サイコー！	C'est super!	
財産	fortune(f)	
祭日	fête(f)	
最初	début(m)	
最小限	minimum(m)	
最新	dernier(ère)	
サイズ	taille(f)	
最大	maximum(m)	
再度	encore	
才能	talent(m)	
裁判所	justice(f)	
裁判所	tribunal(m)	
サイフ	portefeuille(m)	
幸いにも	heureusement	
サイン	signature(f)	
サウナ	sauna(m)	
坂	pente(f)	
探す	chercher	
魚	poisson(m)	
さがる	baisser	
裂く	déchirer	
昨晩	hier soir	
サクラ	cerisier(m)	
鮭	saumon(m)	
酒飲み	buveur(se)	
叫ぶ	crier	
叫ぶ(金切り声)	hurler	

避ける	éviter
差出人	expéditeur(trice)
指図	instructions(f.pl.)
指す	indiquer
刺す	piquer
座席	place(f)
座席番号	numéro de place(m)
座席指定券	billet de réservation(m)
座席指定車	voiture réservée(f)
～させる	faire
さそう	inviter
さそり座	le Scorpion
撮影禁止	Défense de photographier
撮影所	studio(m)
サッカー	football(m)
さっき	tout à l'heure
雑誌	revue(f)
殺虫剤	insecticide(m)
殺人	meurtre(m)
殺人者	meurtrier(ère)
さつまいも	patate(f)
砂糖	sucre(m)
砂漠	désert(m)
さびしい	triste
サファイア	saphir(m)
差別	discrimination(f)
サボテン	cactus(m)
さむい	froid(e)
覚める	se réveiller
皿	assiette(f)
皿洗い機	lave-vaisselle(m)
サラダ	salade(f)
サル	singe(m)
去る	quitter
騒がしい	bruyant(e)
さわる	toucher
産科医	obstétricien(ne)
3	trois(m)
3月	mars(m)
三角	triangle(m)
参加する	participer
産業	industrie(f)
サングラス	lunettes de soleil (f.pl.)
サンゴ	corail(m)
30	trente(m)
算数	arithmétique(f)
酸素	oxygène(m)
サンタクロース	le Père Noël(m)
サンダル	sandale(f)
サンドイッチ	sandwich(m)
3等	troisième classe(f)
サンプル	échantillon(m)
三分の一	un tiers
残念	dommage
散髪	coupe de cheveux(f)
産婦人科	obstétrique(f)
散歩	promenade(f)
市	ville(f)

詩	poème(m)
死	mort(f)
試合	match(m)
しあわせ	bonheur(m)
幸せな	heureux(se)
シーツ	drap(m)
CD	disque compact(m)
シーフード	fruits de mer(m.pl.)
シール	autocollant(m)
寺院	temple(m)
ジーンズ	jean(m)
シェービングクリーム	crème à raser(f)
シェフ	chef(m)
塩	sel(m)
しおからい	salé(e)
鹿	cerf(m)
市外局番	indicatif téléphonique(m)
資格	qualification(f)
四角	carré(m)
しかし	mais
4月	avril(m)
しかる	gronder
時間（単位）	heure(f)
時間、時	temps(m)
時間に正確	ponctuel(le)
時間に間に合う	être à temps
時間ぴったり	à l'heure
時間割	emploi du temps(m)
四季	quatre saisons (f.pl.)
試験	examen(m)
資源	ressources (f.pl.)
事故	accident(m)
地獄	enfer(m)
時刻表	horaires (m.pl.)
自己中心的な	égoïste
仕事	travail(m)
時差、時差ボケ	décalage horaire(m)
自殺	suicide(m)
辞書	dictionnaire(m)
次女	deuxième fille(f)
市場	marché(m)
事情	circonstances (f.pl.)
試食	dégustation(f)
試食する	déguster
辞職する	démissionner
地震	tremblement de terre(m)
自信	confiance(f)
しずか	calme
しずむ	couler
施設	établissement(m)
自然	nature(f)
子孫	descendant(e)
舌	langue(f)
下	sous
時代	époque(f)
時代遅れ	dépassé(e)
従う	obéir
下着	linge(m)

下取り	reprise(f)
7	sept(m)
7月	juillet(m)
七面鳥	dinde(f)
試着する	essayer
質、クオリティー	qualité(f)
実業家	homme d'affaires(m)
失業	chômage
失業者	chômeur(se)
失業中の	au chômage
実験	expérience(f)
しつこい	tenace
実際は	en fait
失神する	s'évanouir
湿疹	eczéma(m)
質素な	simple
嫉妬する	être jaloux(se)
湿度	humidité(f)
失敗	échec(m)
失敗する	échouer à
湿布	compresse(f)
質問	question(f)
実用的な	pratique
失礼な	impoli(e)
失恋	amour déçu(m)
自転車	vélo(m)
自動の	automatique
自動車	voiture(f)
自動販売機	distributeur automatique(m)
シナモン	cannelle(f)
次男	second fils(m)
死ぬ	mourir
支配人	gérant(e)
芝生	pelouse(f)
しばしば	souvent
支払い	paiement(m)
支払う	payer
しばる	attacher
耳鼻咽喉科	oto-rhino-laryngologie(f)
持病	maladie chronique(f)
しびれ	engourdissement(m)
しびれる	s'engourdir
自分勝手な	égoïste
紙幣	billet(m)
脂肪	graisse(f)
死亡届	acte de décès(m)
しぼる	presser
資本主義	capitalisme(m)
資本家	capitaliste
島	île(f)
姉妹	sœurs(f.pl.)
字幕	sous-titre(m)
自慢する	se vanter
染み	tache(f)
地味な	discret(ète)
事務員	employé(e) de bureau
事務所	bureau(m)
氏名	nom et prénom(m)

さけ→しめ

示す ....montrer
しめった ....humide
締める ....serrer
閉める ....fermer
地面 ....sol(m)
霜 ......gelée(f)
ジャーナリスト..journaliste
社会 ....société(f)
社会学 ....sociologie(f)
ジャガイモ......pomme de terre(f)
市役所 ....mairie(f)
車掌 ....contrôleur(se)
写真 ....photo(f)
写真家 ....photographe
ジャズ.............jazz(m)
社長 ....
président-directeur général (P.D.G.)(m)
シャツ.............chemise(f)
借金 ....dette(f)
喋る ....bavarder
シャベル ....pelle(f)
じゃまをする ...déranger
ジャム.............confiture(f)
謝礼 ....rémunération(f)
シャワー ....douche(f)
シャンプー.......shampoing(m)
週.....................semaine(f)
銃.....................fusil(m)
自由 ....liberté(f)
　自由化 ....libéralisation(f)
　自由席 ....place non réservée(f)
11....................onze(m)
　11 月 ....novembre(m)
10....................dix(m)
　10 月 ....octobre(m)
獣医 ....vétérinaire
十代の ....adolescent(e)
習慣(慣習的な) ...coutume(f)
習慣(個人的な) ...habitude(f)
週.....................semaine(f)
宗教 ....religion(f)
19....................dix-neuf(m)
シュークリーム..chou à la crème(m)
13....................treize(m)
17....................dix-sept(m)
住所 ....adresse(f)
ジュース ....jus(m)
自由席 ....place non réservée(f)
渋滞 ....embouteillage(m)
重体 ....être dans un état grave
10 代の若者 .....adolescent(e)
集中する ....se concentrer
　集中力 ....concentration(f)
集中的な ....intensif(ve)
自由な ....libre
12....................douze(m)
　12 月 ....décembre(m)
十二指腸潰瘍 ..ulcère duodénal(m)

収入 ....revenu(m)
充分な ....assez
週末 ....week-end(m)
十万 ....cent mille(m)
重要な ....important(e)
14....................quatorze(m)
修理する ....réparer
16....................seize(m)
主演女優 ....actrice principale(f)
主演男優 ....acteur principal(m)
授業 ....classe(f)
祝日 ....jour de fête(m)
宿題 ....devoir(m)
宿泊 ....hébergement(m)
宿泊客 ....client(e)
手術 ....opération(f)
首相 ....Premier ministre(m)
手段 ....moyen(m)
出血 ....saignement(m)
出国 ....sortie du pays(f)
出産 ....accouchement(m)
出身(～から) ...venir de
出席 ....présence(f)
出入国管理..........contrôle d'immigration(m)
出発する ....partir
出発 ....départ(m)
　出発時間.......heure de départ(f)
出版物 ....publication(f)
首都 ....capitale(f)
守備 ....défense(f)
主婦 ....femme au foyer(f)
趣味 ....passe-temps(m)
腫瘍 ....tumeur(f)
種類 ....sorte(f)
順序 ....ordre(m)
純粋な ....pur(e)
準備する ....préparer
準備できた.......prêt(e)
賞 ......prix(m)
消化 ....digestion(f)
紹介する ....présenter
奨学金 ....bourse(f)
小学校 ....école(f)
正月 ....le nouvel an
乗客 ....passager(ère)
商業 ....commerce(m)
条件 ....condition(f)
証拠 ....preuve(f)
正午 ....midi(m)
上司 ....supérieur(m)
正直 ....honnêteté(f)
正直な ....honnête
少女 ....petite fille(f)
上手 ....adroit(e)
少数民族 ....minorités (f.pl.)
小説 ....roman(m)
招待 ....invitation(f)
じょうだん.......blague(f)

象徴 ....symbole(m)
小腸 ....intestin grêle(m)
消毒 ....désinfection(f)
小児科医 ....pédiatre
証人 ....témoin(m)
商人 ....commerçant(e)
少年 ....garçon(m)
商売 ....commerce(m)
商品 ....marchandise(m)
賞品 ....prix(m)
上品 ....élégance(f)
丈夫 ....solide
しょうべん.......urine(f)
情報 ....information(f)
消防車 ....autopompe(f)
消防署 ....caserne des sapeurs-pompier(m)
証明書 ....certificat(m)
正面 ....face(f)
条約 ....traité(m)
しょうゆ ....sauce de soja(f)
将来 ....avenir(m)
使用料.............prix de location(m)
初級者 ....débutant(e)
食事 ....repas(m)
食前酒 ....apéritif(m)
食中毒 ....intoxication(f)
食堂 ....salle à manger(f)
　食堂車 ....wagon-restaurant(m)
食パン.............pain de mie(m)
食品 ....aliment(m)
植物 ....plante(f)
　植物園 ....jardin botanique(m)
植民地.............colonie(f)
食欲 ....appétit(m)
処女 ....vierge(f)
女性 ....femme(f)
女性器 ....vagin(m)
所得 ....revenu(m)
処方箋 ....ordonnance(f)
書類 ....papiers (m.pl.)
女優 ....actrice(f)
白髪 ....cheveux blancs(m.pl.)
知らせ ....nouvelle(f)
しらべる ....enquêter
尻 ......fesses (f.pl.)
私立 ....privé(e)
市立 ....municipal(e)
知る ....connaître
汁 ......jus(m)
シルク.............soie(f)
ジレンマ ....dilemme(m)
白 ......blanc(m)
白い ....blanc(he)
シロップ ....sirop(m)
皺 ......ride(f)
新学期.............rentrée(f)
シングルルーム ...chambre à un lit(f)
神経 ....nerf(m)

神経質	nerveux(se)	
人口	population(f)	
信仰	foi(f)	
信号	feu(m)	
人工的な	artificiel(le)	
深刻	sérieux(se)	
新婚	nouveaux mariés(m.pl.)	
新婚旅行	lune de miel(f)	
診察	consultation(f)	
真実	vérité(f)	
真珠	perle(f)	
人種	race(f)	
人種差別	racisme(m)	
人種的な	racial(e)	
信じる	croire	
人生	vie(f)	
申請	demande(f)	
親戚	parent(e)	
親切	gentillesse(f)	
親切な	gentil(le)	
新鮮な	frais(fraîche)	
心臓	cœur(m)	
心臓発作	crise cardiaque(f)	
腎臓	rein(m)	
寝台車	couchette(f)	
診断書	certificat médical(m)	
身体障害者	handicapé(e)	
身長	taille(f)	
慎重な	prudent(e)	
陣痛	douleurs de l'accouchement (f.pl.)	
侵入者	envahisseur(se)	
心配する	s'inquiéter	
神父	père(m)	
新聞	journal(m)	
じんましん	urticaire(f)	
親友	meilleur(e) ami(e)	
信頼する	avoir confiance en	
心理学	psychologie(f)	
診療	traitement(m)	
森林	forêt (f.pl.)	
酢	vinaigre(m)	
水泳	natation(f)	
スイカ	pastèque(f)	
スイス	Suisse(f)	
推薦	recommandation(f)	
推薦する	recommander	
水洗トイレ	toilettes à chasse d'eau (f.pl.)	
すい臓	pancréas(m)	
水族館	aquarium(m)	
推測する	supposer	
スイッチ	bouton(m)	
水道水	eau du robinet(f)	
睡眠	sommeil(m)	
睡眠薬	somnifère(m)	
水曜日	mercredi(m)	
数学	mathématiques (f.pl.)	

数字	chiffre(m)	
スーツ（女性用）	tailleur(m)	
スーツ（男性用）	costume(m)	
スーツケース	valise(f)	
スーパーマーケット	supermarché(m)	
スープ	soupe(f)	
スカート	jupe(f)	
スカーフ	foulard(m)	
好き	aimer	
スキー	ski(m)	
スキー場	station de ski(f)	
救う	sauver	
すぐに	tout de suite	
スケート	patinage(m)	
すこし	un peu	
スコットランド	Ecosse(f)	
すずしい	frais(fraîche)	
進む	avancer	
スター	vedette(f)	
頭痛	mal de tête(m)	
スカーフ	foulard(m)	
好き	aimer	
スキー	ski(m)	
クロスカントリースキー	ski de fond(m)	
スキャンダル	scandale(m)	
優れた	excellent(e)	
スケート	patinage(m)	
スケートボード	skateboard(m)	
少し	un peu	
スター	vedette(f)	
スタジアム	stade(m)	
スタッフ	personnel(m)	
すっぱい	acide	
ステーキ	steak(m)	
すでに	déjà	
すてる	jeter	
ステレオ	stéréo(f)	
ステンドグラス	vitrail(m)	
スト	grève(f)	
ストッキング	bas(m)	
ストライプの	rayé	
ストリップショー	strip-tease(m)	
ストレス	stress(m)	
ストレスのたまった	stressé(e)	
ストロー	paille(f)	
砂	sable(m)	
素直	obéissant(e)	
スニーカー	docilité(f)	
すね	tibia(m)	
スノータイヤ	pneu-neige(m)	
スパイ	espion(ne)	
すばらしい	magnifique	
スパゲッティー	spaghetti(m.pl.)	
スピード	vitesse(f)	
スプーン	cuiller(f)	
スペイン	Espagne(f)	
すべて	tout	
すべる	glisser	

スポーツ	sport(m)	
ズボン	pantalon(m)	
すみません	désolé(e)	
隅	coin(m)	
住む	habiter	
済む	finir	
スモークサーモン	saumon fumé(m)	
スライス	tranche(f)	
スリッパ	pantoufle(f)	
スリ	pickpocket(m)	
ずるい	ruse	
するどい	aigu(ë)	
すわる	s'asseoir	
寸法	mesure(f)	
性	sexe(m)	
性差別	sexisme(m)	
誠意	sincérité(f)	
西欧	Europe occidentale(f)	
西欧の	européen(ne)	
性格	caractère(m)	
正確な	exact(e)	
生活	vie(f)	
生活費	coût de la vie(m)	
税関	douane(f)	
世紀	siècle(m)	
正義	justice(f)	
請求する	demander à	
請求書	facture(f)	
税金	impôt(m)	
清潔な	propre	
制限	limitation(f)	
制限速度	limite de vitesse(f)	
性交	rapports sexuels(m.pl.)	
成功する	réussir	
星座（星占い）	astrologie(f)	
おひつじ座	le Bélier	
やぎ座	le Capricorne	
みずがめ座	le Verseau	
うお座	les Poissons	
おうし座	le Taureau	
ふたご座	les Gémeaux	
かに座	le Cancer	
しし座	le Lion	
おとめ座	la Vierge	
てんびん座	la Balance	
さそり座	le Scorpion	
いて座	le Sagittaire	
生産する	produire	
生産	production(f)	
政治	politique(f)	
政治家	politicien(ne)	
正式な	officiel(le)	
聖書	la Bible(f)	
精神	esprit(m)	
精神科	psychiatrique(m)	
精神病	maladie mentale(m)	
精神安定剤	tranquillisant(m)	

しんーせい

99

成績	résultats(m.pl.)	
製造する	fabriquer	
製造業	industrie(f)	
ぜいたくな	luxueux(se)	
成長する	grandir	
生徒	élève	
青年	jeunes gens(m.pl.)	
生年月日	date de naissance(f)	
性病	maladie vénérienne(f)	
政府	gouvernement(m)	
西部劇	western(m)	
西洋	Occident(m)	
西洋人	Occidental(e)	
生理	règles (f.pl.)	
生理日	période des règles(f)	
西暦	ère chrétienne(f)	
セーター	chandail(m)	
セール	solde(m)	
世界	monde(m)	
席	place(f)	
咳	toux(f)	
積雪	enneigement(m)	
責任	responsabilité(f)	
責任がある	responsable	
赤面する	rougir	
石油	pétrole(m)	
赤痢	dysenterie(f)	
セクシー	sexy	
セクハラ	harcèlement sexuel(m)	
石炭	charbon(m)	
積極的	positif(ve)	
セッケン	savon(m)	
接続 (電車の)	correspondance(f)	
絶対に	absolument	
接着剤	colle(f)	
絶望	désespoir(m)	
説明する	expliquer	
節約する	économiser	
設立	fondation(f)	
背中	dos(m)	
せまい	étroit(e)	
蝉	cigale(f)	
ゼリー	gelée(f)	
セルフサービス	libre-service(m)	
ゼロ	zéro(m)	
セロテープ	scotch(m)	
セロリ	céleri(m)	
世話する	s'occuper de	
千	mille(m)	
線	ligne(f)	
栓	bouchon(m)	
栓(ガス・水道の)	robinet(m)	
全員	tout le monde(m)	
洗顔する	se laver la figure	
選挙	élection(f)	
先月	le mois dernier	
戦後	après-guerre(m)	

専攻科目	dominante(f)
先日	l'autre jour
前日	la veille
洗剤	lessive(f)
前菜	hors-d'œuvre(m)
選手	joueur(se)
先週	la semaine dernière(f)
選手権	championnat(m)
扇子	éventail(m)
先生〔小学校〕	instituteur(trice)
先生〔中学以上〕	professeur(m)
先祖	ancêtre(f)
戦争	guerre(f)
洗濯する	faire la lessive
洗濯物	lessive(f)
選択	choix(m)
センチメートル	centimètre(m)
栓抜き	ouvre-bouteilles(m)
全部	tous (toutes) (m.pl./f.pl.)
洗面所	cabinet de toilette(f)
洗面台	lavabo(m)
洗面器	cuvette(f)
専門	spécialité(f)
専門学校	école professionnelle(f)
ゾウ	éléphant(m)
像	statue(f)
騒音	bruit(m)
送金	envoi d'argent(m)
送金手数料	frais pour un mandat (m.pl.)
送金人	expéditeur(trice)
倉庫	magasin(m)
操作する	opérer
そうじ	ménage(m)
掃除する	faire le ménage
掃除機	aspirateur(m)
葬式	funérailles (f.pl.)
想像	imagination(f)
想像する	imaginer
相談	consultation(f)
送料	port(m)
総領事館	consul général(m)
ソース	sauce(f)
ソーセージ (加熱して)	saucisse(f)
ソーセージ (そのまま)	saucisson(m)
ソーダ	soda(m)
速達	exprès(m)
そこ	là
底	fond(m)
素材	matière(f)
そして	et
そだてる	élever
卒業	fin d'études(f)
ソテー	sauté(m)
外	dehors(m)
祖父	grand-père(m)
祖父母	grands-parents (m.pl.)
祖母	grand-mère(f)
ソファー	canapé(m)

染める	teindre
空	ciel(m)
剃る	raser
それ	ça / cela
それから	ensuite
それとも	ou
それまで	jusque-là
損害	dommage(m)
尊敬する	respecter
存在	existence(f)

た行

鯛	daurade(f)
タイ	Thaïlande(f)
ダイエット	régime(f)
退院する	quitter l'hôpital
体温	température(f)
体温計	thermomètre(m)
大学	université(f)
大学生	étudiant(e)
大工	charpentier(m)
たいくつ	ennui(m)
退屈した	ennuyé
退屈な	ennuyeux(se)
滞在	séjour(m)
大使	ambassadeur(drice)
大使館	ambassade(f)
体重	poids(m)
大臣	ministre(m)
退職	retraite(f)
大豆	soja(m)
大西洋	Atlantique(m)
大切	important(e)
大胆な	hardi(e)
大地	terre(f)
大腸	gros intestin(m)
タイツ	collant(m)
たいてい	d'habitude
態度	attitude(f)
大統領	président(m)
台所	cuisine(f)
第2次世界大戦	Deuxième guerre mondiale(f)
ダイビング	plongée(f)
台風	typhon(m)
大平原	chariot(m)
太平洋	le Pacifique(m)
たいへん	très
大便 (俗語)	merde(f)
逮捕する	arrêter
題名	titre(m)
タイヤ	pneu(m)
ダイヤモンド	diamant(m)
太陽	soleil(m)
大陸	continent(m)
代理	replacement(m)
台湾	Taiwan(f)
唾液	salive(f)
耐える	supporter

タオル	serviette(f)
たおれる	tomber
高い（高さ）	haut(e)
高い（値段）	cher(ère)
宝	trésor(m)
宝くじ	loterie(f)
滝	chute(f)
抱く	embrasser
抱き合う	s'embrasser
たくさん	beaucoup
タクシー	taxi(m)
タクシー乗り場	station de taxis(f)
竹	bambou(m)
タコ	pieuvre(f)
凧	cerf-volant(m)
確かな	sûr(e)
たしかめる	vérifier
足す	ajouter
ダース	douzaine(f)
たすける	aider
たたかう	combattre
たたく	frapper
たたむ	plier
ただしい	juste
立入禁止	Entrée interdite
立つ	debout
脱毛	épilation(f)
縦	longueur(f)
建物	bâtiment(m)
建てる	construire
たとえば	par exemple
棚	étagère(f)
谷	vallée(f)
他人	autrui
たのしい	joyeux(se)
たのしむ	jouir
たのむ	demander à
タバコ	cigarette(f)
タバコを吸う	fumer
ダブルルーム	grand lit(m)
たぶん	probablement
食べさせる	nourrir
食べる	manger
食べ物	aliment(m)
タマゴ	œuf(m)
だます	tromper
タマネギ	oignon(m)
ためす	essayer
ためらう	hésiter
たよる	compter sur
たりる	suffire
だれ	qui
タラ	morue(f)
痰	crachat(m)
短期	de courte durée
短気	impatience(f)
単語	mot(m)
短所	défaut(m)

誕生日	anniversaire de naissance(m)
お誕生日おめでとう	Bon anniversaire
ダンス	danse(f)
たんす	armoire(f)
男性	homme(m)
男性器	sexe masculin(m)
暖房	chauffage(m)
たんぽぽ	pissenlit(m)
タンポン	tampon(m)
血	sang(m)
痔	hémorroïdes (f.pl.)
治安	sécurité publique(f)
地位	position(f)
地域	région(f)
地域社会	communauté(f)
ちいさい	petit(e)
チーズ	fromage(m)
チーム	équipe(f)
チェス	échecs (m.pl.)
チェックアウト	quitter sa chambre
チェックイン	prendre sa chambre
チェロ	violoncelle(m)
チェンバロ	clavecin(m)
地下	sous-sol(m)
地下鉄	métro(m)
近い	près
ちがう	différent(e)
近づく	approcher
力	force(m)
地球	terre(f)
遅刻する	arriver en retard
知識	connaissances (f.pl.)
父	père(m)
ちぢむ	réduire
地図	carte(f)
チップ	pourboire(m)
知能	intelligence(f)
チフス	typhus(m)
茶	thé(m)
チャーコールグレー	gris anthracite(m)
チャーター	affrètement(m)
チャーミングな	charmant(e)
茶色	marron(m)
着陸	atterrissage(m)
茶の湯	cérémonie du thé(f)
チャンネル	chaîne(f)
チャンス	chance(f)
注意	attention(f)
注意深い	prudent(e)
注意力のある	attentif(ve)
中学校	collège(m)
中級	niveau moyen(m)
中近東	Moyen-Orient(m)
中国	Chine(f)
中国語	chinois(m)
中国人	chinois(e)
中国茶	thé chinois(m)
忠告	conseil(m)

中止する	annuler
注射	piqûre(f)
駐車する	stationner
駐車禁止	Défense de stationner
駐車場	parking(m)
抽象画	peinture abstraite(f)
昼食	déjeuner(m)
中心	centre(m)
中世	moyen âge(m)
中毒	intoxication(f)
注文する	commander
腸	intestin(m)
兆	billion(m)
蝶	papillon(m)
長所	qualité(f)
長女	fille aînée(f)
朝食	petit déjeuner(m)
調整する	ajuster
彫刻	sculpture(f)
ちょうど	juste
長男	fils aîné(m)
調味料	assaisonnement(m)
地理	géographie(f)
治療する	traitement(m)
賃金	salaire(m)
鎮痛剤	antalgique(m)
ツアー	voyage organisé(m)
追加する	supplément(m)
ついに	finalement
通貨	monnaie courante(f)
通過する	passer
通訳する	traduction(f)
通訳者	traducteur(rice)
通路	passage(m)
通路側の席	siège côté couloir(m)
使い切りカメラ	appareil photo jetable(m)
つかう	utiliser
使えない	inutilisable
使える	utilisable
つかまえる	attraper
つかれる	être fatigué(e)
疲れ	fatigue(f)
月	lune(f)
月（月日）	mois(m)
次	prochain(e)
着く	arriver
机	table(f)
つくる	fabriquer
つける	attacher
土	sol(m)
つづく	continuer
つつむ	envelopper
唾	salive(f)
妻	femme(f)
つまらない	inintéressant(e)
罪	crime(m)
爪	ongle(m)
つめ切り	coupe-ongles(m)

(101)

つめたい ....froid(e)
つよい ....fort(e)
つらい ....dur(e)
釣り ....pêche(f)
つり銭 ....monnaie(f)
手 ....main(f)
手当て ....soins (m.pl.)
提案 ....proposition(f)
Ｔシャツ ....T-shirt(m)
テイクアウト ...repas à emporter(m)
低脂肪の ....allégé(e)
ディスコ ....boîte de nuit(f)
訂正 ....correction(f)
ティッシュペーパー
　　　　　　　　mouchoir de papier(m)
程度 ....degré(m)
停留所（長距離バス）..arrêt(m)
デート ....rendez-vous(m)
デオドラント ...déodorant(m)
〜できる ....pouvoir
出来 ....résultats (m.pl.)
手紙 ....lettre(f)
敵 ....ennemi(e)
出口 ....sortie(f)
手首 ....poignet(m)
デザート ....dessert(m)
デザイン ....dessin(m)
手数料 ....commission(f)
テスト ....test(m)
鉄 ....fer(m)
てつだう ....aider
手続き ....formalité(f)
鉄道 ....train(m)
テニス ....tennis(m)
手荷物 ....bagage à main(m)
デパート ....grand magasin(m)
てぶくろ ....gant(m)
デリケートな ...délicat(e)
出る ....sortir
テレビ ....télévision(f)
テレビ放送 ......émission de télé(f)
テレホンカード ...télécarte(f)
天気 ....temps(m)
　天気予報 ......météo(f)
電気 ....électricité(f)
　電圧 ....voltage(m)
天国 ....paradis(m)
伝言 ....message(m)
天使 ....ange(m)
天才 ....génie(m)
電車 ....train(m)
天井 ....plafond(m)
添乗員 ....accompagnateur(trice)
電子レンジ ......micro-ondes(m)
点数、スコア ...note(f)
伝染病 ....maladie contagieuse(f)
電池 ....pile(f)
電灯 ....lampe(f)

伝統 ....tradition(f)
電話 ....téléphone(m)
　電話帳 ....annuaire téléphonique(m)
　電話する ....téléphoner
　電話番号 ....numéro de téléphone(m)
ドアー ....porte(f)
ドイツ ....Allemagne(f)
ドイツ系の......allemand(e)
トイレ ....toilettes(f.pl.)
トイレットペーパー... papier de toilettes(m)
どういたしまして..je vous en prie
とうがらし.......piment(m)
陶器 ....poterie(f)
動機 ....motif(m)
東京 ....Tokyo
同情 ....compassion(f)
どうぞ〜して下さい...s'il vous plaît
到着する ....arriver à
　到着時刻.......heure d'arrivée(f)
盗難 ....vol(m)
東南アジア.......Asie du Sud-Est(f)
糖尿病 ....diabète(m)
豆腐 ....patte de soja(m)
投票 ....vote(m)
同封する ....inclure
動物 ....animal(m)
　動物園 ....zoo(m)
動脈 ....artère(f)
トウモロコシ ...maïs(m)
どうやって？ ...comment
東洋 ....Orient(m)
　東洋人 ....oriental(e)
同僚 ....collègue
道路 ....route(f)
登録する ....enregistrer
討論する ....discuter
遠い ....loin
通り ....rue(f)
都会の ....urbain(e)
毒 ....poison(m)
得意 ....être fier(ère)
特産物 ....spécialité(f)
読書 ....lecture(f)
独身 ....célibat(m)
独身の ....célibataire
得する ....profiter
特徴 ....caractéristique(f)
得点（試合の）...score(m)
独特な ....particulier(ère)
特に ....surtout
特売 ....solde(m)
特別 ....spécial(e)
独立した ....indépendant(e)
時計（腕時計）.montre(f)
時計（置時計）.pendule(f)
時計（掛時計）..horloge(f)
どこ ....où
どこか ....quelque part

ところ ....endroit(m)
ところで ....or
閉じる ....fermer
床屋 ....coiffeur(se)
都市 ....ville(f)
歳 ....âge(m)
　歳上の ....plus âgé(e)
　歳下の ....plus jeune
　歳とった ....âgé(e) / vieux (vieille)
図書館 ....bibliothèque(f)
トースト ....toast(m)
土地 ....terrain(m)
突然 ....soudain
取って置く ....garder
隣 ....voisin(e)
飛ぶ ....voler
徒歩で ....à pied
トマト ....tomate(f)
止まる ....s'arrêter
泊まる ....loger
ともかく ....en tout cas
友達 ....ami(e)
土曜日 ....samedi(m)
トラ ....tigre(m)
ドライクリーニング...nettoyage à sec
ドライバー.......tournevis(m)
ドライヤー.......sèche-cheveux(m)
トラック ....camion(m)
トラベラーズチェック...chèque de voyage(m)
トランプ ....cartes (f.pl.)
鳥 ....oiseau(m)
とり替える ....changer
とり消す ....annuler
とり肉.............volaille(f)
努力 ....effort(m)
努力する ....faire des efforts pour
取る ....prendre
ドル ....dollar(m)
どれ ....lequel(m)
ドレッシング ...vinaigrette(f)
泥棒 ....voleur(se)
トンネル ....tunnel(m)
トンボ ....libellule(f)

な行

ない ....il n'y a pas
内科医..............médecin généraliste(m)
内線 ....téléphone interne(m)
ナイフ ....couteau(m)
内容 ....contenu(m)
直す ....réparer
治る ....guérir
中 ....intérieur(m)
中指 ....majeur(m)
長い ....long(ue)
長い間..............longtemps
仲間 ....copain(copine)

眺め	vue(f)
ながめがいい	belle vue(f)
ながれる	couler
流れ星	étoile filante(f)
泣く	pleurer
鳴く	crier
なくす	perdre
なぐる	battre
投げる	jeter
梨	poire(f)
ナス	aubergine(f)
なぜ？	pourquoi
なぜならば	parce que
夏	été(m)
夏休み	vacances d'été (f.pl.)
7	sept(m)
なに？	Quoi?
ナベ	casserole(f)
生	cru(e)
名前	nom(m)
生クリーム	crème fraîche(f)
生ビール	bière pression(f)
訛り	accent(m)
波	vague(f)
なみだ	larme(f)
悩み	souci(m)
ならう	apprendre
鳴る	sonner
なるほど	en effet
慣れる	s'habituer
何回？	Combien de fois?
何時？	Quelle heure est-il?
何時間？	Combien d'heures?
何種類？	Combien de sortes?
何人？	Combien de personnes?
難民	réfugié(e)
臭い	odeur(f)
にがい	amer(ère)
二階	premier étage(m)
2月	février(m)
にきび	bouton(m)
肉	viande(f)
肉屋	boucherie(f)
憎む	haïr
にげる	fuir
西	ouest(m)
西ヨーロッパ	Europe occidentale(f)
二十	vingt(m)
二重	double(m)
偽の	faux(fausse)
ニセモノ	imitation(f)
日曜日	dimanche(m)
日記	journal(m)
日射病	coup de soleil(m)
似ている	ressembler
2等	seconde classe(f)
2番目の	deuxième
にぶい	lent(e)

日本	Japon(m)
日本円	yen japonais(m)
日本語	japonais(m)
日本食	cuisine japonaise(f)
日本人	japonais(e)
日本大使館	ambassade du Japon(f)
日本の	japonais(e)
日本領事館	consulat du Japon(m)
荷物	bagage(m)
入学	entrée(f)
入院	hospitalisation(f)
入国	entrée dans un pays(f)
入国カード	carte de débarquement(f)
入場	entrée(f)
ニュース	nouvelle(f)
尿	urine(f)
煮る	cuire
庭	jardin(m)
ニワトリ	coq(m)
人気がある	populaire
人気がない	impopulaire
人形	poupée(f)
人間	homme(m)
妊娠	grossesse(f)
妊娠している	être enceinte
人数	nombre de personnes
妊婦	femme enceinte(f)
ぬいぐるみ (動物の)	peluche(f)
抜く	arracher
脱ぐ	enlever
盗む	voler
盗まれた	volé
布	tissu(m)
塗る	peindre
値打ち	valeur(f)
ネクタイ	cravate(f)
ネコ	chat(te)
ネズミ	souris(f)
値段	prix(m)
熱が出る	avoir de la fièvre
ネックレス	collier(m)
値引き	remise(f)
ねむい	avoir sommeil
眠る	dormir
寝る	se coucher
年	an(m)
年金	retraite(f)
ネンザ	entorse(f)
年収	revenu annuel(m)
年齢	âge(m)
脳	cerveau(m)
農業	agriculture
農民	paysan(ne)
農場	ferme(f)
能力	capacité(f)
ノート	cahier(m)
のこり	reste(m)
覗く	regarder

除く	supprimer
望む	souhaiter
望み	souhait(m)
喉	gorge(f)
のどが乾く	avoir soif
ののしる	insulter
登る	monter
飲む	boire
飲み物	boisson(f)
のり（接着剤）	colle(f)
乗る	monter
乗り換える	changer

は行

歯	dent(f)
葉	feuille(f)
バー	bistro(m)
場、場合	occasion(f)
（〜の）場合	cas(m)
パーティー	soirée(f)
バーベキュー	barbecue(m)
パーマ	permanente(f)
肺	poumon(m)
灰	cendre(f)
はい（肯定）	oui
パイ	tarte(f)
倍	double(m)
灰色	gris(m)
肺炎	pneumonie(f)
ハイキング	excursion(f)
バイク	moto(f)
灰皿	cendrier(m)
歯医者	dentiste
売春	prostitution(f)
売春婦	prostituée(f)
配達する	livrer
ハイヒール	talons hauts (m.pl.)
俳優	acteur(m)
入る	entrer
ハエ	mouche(f)
墓	tombe(f)
バカ	bête(f)
ハガキ	carte postale(f)
計る	mesurer
吐く	vomir
吐き気	nausée(f)
履く	mettre
爆竹	pétard(m)
爆発する	exploser
博物館	musée(m)
禿の人	chauve
バケツ	seau(m)
派遣社員	intérimaire
箱	boîte(f)
はこぶ	porter
はさむ	coincer

ハサミ	ciseaux (m.pl.)
端	bout(m)
橋	pont(m)
箸	baguettes (f.pl.)
はしか	rougeole(f)
はじめる	commencer
はじめて	pour la première fois
場所	lieu(m)
破傷風	tétanos(m)
走る	courir
バス	autobus(m)
はずかしい	honteux(se)
バスタブ	baignoire(f)
バス停	arrêt d'autobus(m)
パスポート	passeport(m)
バスルーム	salle de bain(f)
パソコン	ordinateur personnel(m)
旗	drapeau(m)
バター	beurre(m)
はだか	nu(m)
畑	champ(m)
はたらく	travailler
8	huit(m)
8月	août(m)
蜂	abeille(f)
ハチミツ	miel(m)
発音	prononciation(f)
パックツアー	voyage organisé(m)
発行する	publier
発行	publication(f)
発車する	partir
発車時刻	heure de départ(f)
発展途上国	pays en voie de développement(m)
発明	invention(f)
ハデな	voyant(e)
パテ	pâté(m)
鳩	pigeon(ne)
鼻	nez(m)
鼻水	morve(f)
花	fleur(f)
話す	parler
バナナ	banane(f)
花火	feu d'artifice(m)
母	mère(f)
ババロア	bavarois(m)
ハブラシ	brosse à dents(f)
ハミガキ粉	dentifrice(m)
ハム	jambon(m)
速い	rapide
早い	tôt
払う	payer
払い戻す	remboursement(m)
はり紙	affiche(f)
春	printemps(m)
バレエ	ballet(m)
貼る	coller

晴れ	beau temps(m)
バレンタイン・デー	la Saint-Valentin(f)
パワー	puissance(f)
パン	pain(m)
晩	soir(m)
繁栄	prospérité(f)
ハンカチ	mouchoir(m)
反感	antipathie(f)
パンク	crevaison(f)
番号	numéro(m)
犯罪	crime(m)
ハンサムな	beau(m)
バンソウコウ	sparadrap(m)
反対する	contraire(m)
パンツ（下着）	caleçon(m)
パンツ（ズボン）	pantalon(m)
パンティー	culotte(f)
パンティーストッキング	collant(m)
半島	péninsule(f)
半月	demi-lune(f)
半年	semestre(m)
ハンドバッグ	sac à main(f)
半日	demi-journée(f)
犯人	criminel(le)
ハンバーガー	hamburger(m)
パンフレット	brochure(f)
半分	moitié(f)
パン屋	boulangerie(f)
火	feu(m)
日	jour(m)
ビーバー	castor(m)
ビール	bière(f)
ピアノ	piano(m)
鼻炎	catarrhe nasal(m)
比較する	comparer
東	est(m)
東ヨーロッパ	Europe orientale(f)
光	lumière(f)
光る	briller
引き出し	tiroir(m)
引く	tirer
低い	bas(se)
ピクニック	pique-nique(m)
ヒゲ	barbe(f)
飛行機	avion(m)
膝	genou(m)
ビザ	visa(m)
ピザ	pizza(f)
肘	coude(m)
ビジネスクラス	classe affaires(f)
ビジネスマン	homme d'affaires(m)
美術	art(m)
美術館	musée(m)
秘書	secrétaire
非常口	issue de secours(f)
ヒスイ	jade(m)
左	gauche(f)

日付	date(f)
ひっこす	déménager
羊	mouton(m)
ヒッチハイク	auto-stop(m)
必要とする	avoir besoin de
ビデオデッキ	magnétoscope(m)
ビデオテープ	bande vidéo(f)
ひどい	horrible
等しい	égal(e)
ひとりっ子	enfant unique
一人で	seul(e)
ビニール	vinyle(m)
皮肉	ironie(f)
皮肉な（状況など）	ironique
避妊する	avoir une contraception
避妊薬	pilule contraceptive(f)
日の出	lever du soleil(m)
皮膚	peau(f)
皮膚科	dermatologie(f)
ひま	temps libre(m)
秘密	secret(m)
百	million(m)
日焼け	bronzage(m)
日焼けローション	crème de bronzage(f)
日焼け止め	crème solaire(f)
費用	frais (m.pl.)
美容院	salon de coiffure(m)
病院	hôpital(m)
病気	maladie(f)
表現する	exprimer
標準	norme(f)
平等	égalité(f)
評判	réputation(f)
開く	ouvrir
昼	midi(m)
昼休み	repos de midi(m)
ビル	immeuble(m)
ヒレ肉	filet(m)
広い	large
広場	place(f)
拾う	ramasser
疲労	fatigue(f)
ビン	bouteille(f)
ピン	épingle(f)
ピンク	rose(m)
ヒンズー教	hindouisme(m)
貧血	anémie(f)
品質	qualité(f)
便箋	papier à lettres(m)
ピンチ	crise(f)
貧乏な	pauvre
ファーストクラス	première classe(f)
ファクス	télécopie(f)
ファストフード	fast-food(m)
ファン	fan
ファッション	mode(f)
不安	anxiété(f)
フィルム	pellicule(m)

風景	paysage(m)	
夫婦	couple(m)	
ブーツ	botte(f)	
封筒	enveloppe(f)	
プール	piscine(f)	
笛	flûte(f)	
フェリー	ferry-boat(m)	
ふえる	augmenter	
フォーク（食器）	fourchette(f)	
フォークソング	chant folklorique(m)	
フォーマル	officiel(le)	
深い	profond(e)	
不快な	déplaisant(e)	
不可能な	impossible	
服	vêtement(m)	
複雑な	complexe	
腹痛	mal de ventre(m)	
ふくむ	contenir	
ふくらはぎ	mollet(m)	
不景気	dépression(f)	
不幸な	malheureux(se)	
ふざけるな！	Vous vous fichez de moi!	
不思議	miracle(m)	
不十分な	insuffisant(e)	
侮辱する	insulter	
婦人	dame(f)	
婦人科	gynécologie(f)	
不親切	peu aimable	
ふせぐ	protéger	
フタ	couvercle(f)	
ブタ	cochon(m)	
ブタ肉	porc(m)	
舞台	scène(f)	
ふたたび	encore une fois	
2つの	deux	
普通	ordinaire	
物価	prix (m.pl.)	
ぶつかる	heurter	
二日酔い	gueule de bois(f)	
仏教	bouddhisme(m)	
仏教徒	bouddhiste	
仏像	statue bouddhique(f)	
ブドウ	raisin(m)	
不動産	biens immobiliers(m.pl.)	
不得意	point faible(m)	
ふとった	gros(se)	
ふともも	cuisse(f)	
吹雪	tempête de neige(f)	
船	bateau(m)	
船着き場	quai(m)	
船便	envoyer par bateau	
船酔い	mal de mer(m)	
部分	partie(f)	
不便	incommodité(f)	
不法	illégalité(f)	
不法入国	entrée illégale(f)	
不眠症	insomnie(f)	

フライパン	poêle(f)	
ふやす	augmenter	
冬	hiver(m)	
ブラウス	chemisier(m)	
ブラシ	brosse(f)	
ブラジャー	soutien-gorge(m)	
プラスチック	plastique(m)	
プラチナ	platine(m)	
フラッシュ	flash(m)	
フランス	France(f)	
フランス革命	Révolution française(f)	
フランス語	français(m)	
フランス人	français(e)	
フランス大使館	ambassade de France(f)	
ブランデー	eau-de -vie(f)	
ブランド	marque(f)	
フリーマーケット	marché aux puces(m)	
古い	vieux(vieille)	
古着	hardes (f.pl.)	
ブルーベリー	myrtille(f)	
プレイガイド	agence de spectacle(s)(f)	
ブレーキ	frein(m)	
ブレスレット	bracelet(m)	
プレゼント	cadeau(m)	
風呂	bain(m)	
プロ	professionnel(le)	
プログラム	programme(m)	
ブロッコリー	brocoli(m)	
フロント	réception(f)	
糞	crotte(f)	
～分（時間）	minute(f)	
雰囲気	atmosphère(f)	
文化	culture(f)	
文学	littérature(f)	
文章	phrase(f)	
文法	grammaire(f)	
ヘアスタイル	coiffure(f)	
平均	moyenne(f)	
平均して	en moyenne	
兵士	soldat(m)	
平和	paix(f)	
ページ	page(f)	
ベジタリアン	végétarien(ne)	
へそ	nombril(m)	
下手	maladroit(e)	
ベッド	lit(m)	
ベトナム	Viêt-Nam(m)	
ヘビ	serpent(m)	
部屋	chambre(f)	
部屋の鍵	clef de la chambre(f)	
減る	diminuer	
ベルギー	Belgique(f)	
ベルギー人	Belge	
ベルト	ceinture(f)	
ヘルニア	hernie(f)	
ペン	stylo(f)	
弁解	excuse(f)	

勉強する	étudier	
ペンギン	pingouin(m)	
偏見	préjugé(m)	
変更する	modifier	
弁護士	avocat(e)	
返事	réponse(f)	
弁償する	indemniser	
変質者	pervers(e)	
変態	perversité(f)	
べんとう	casse-croûte(m)	
扁桃腺	amygdale(f)	
ヘンな	étrange	
便秘	constipation(f)	
返品する	rendu(e)	
便利	pratique	
貿易	commerce extérieur(m)	
方言	dialecte(m)	
冒険	aventure(f)	
方向	direction(f)	
膀胱	vessie(f)	
膀胱炎	cystite(f)	
防止	prévention(f)	
帽子（縁なし）	casquette(f)	
帽子（縁あり）	chapeau(m)	
防水	imperméabilité(f)	
宝石	joyau(m)	
放送	émission(f)	
方法	moyen(m)	
訪問（する）	visiter	
訪問者	visiteur(se)	
法律	loi(f)	
頬ひげ	favoris (m.pl.)	
ボート	canot(m)	
ボーナス	prime(f)	
ほかの	autre	
牧師	pasteur(m)	
北米	Amérique du Nord(f)	
ポケット	poche(f)	
保険	assurance(f)	
保険会社	compagnie d'assurance(f)	
保護	protection(f)	
ホコリ	poussière(f)	
誇り	fierté(f)	
星	étoile(f)	
欲しい	vouloir	
補償	garantie(f)	
保証する	garantir	
保証金	caution(f)	
保証書	bon de garantie(m)	
保証人	garant(e)	
干す	sécher	
ポスト	boîte aux lettres(f)	
細い	fin(e)	
ホタテ貝	coquille Saint-Jacques(m)	
ボタン	bouton(m)	
北極	pôle arctique(m)	
北極熊	ours polaire(m)	

ホテル	hôtel(m)	
歩道	trottoir(m)	
ほとんど	presque	
ポニーテール	queue de cheval(f)	
骨	os(m)	
ほほ	joue(f)	
ほほえみ	sourire	
ほめる	féliciter	
ボランティア	volontaire	
ポリエステル	polyester(m)	
掘る	creuser	
本	livre(m)	
香港	Hong-Kong	
ほんとうに	vraiment	
ほんもの	vrai(e)	
本屋	librairie(f)	
翻訳する	traduire	
翻訳者	traducteur(rice)	

ま行

マーガリン	margarine(f)	
毎週の	hebdomadaire	
毎月の	mensuel(le)(m)	
毎年の	annuelle(f)	
毎日の	quotidien(ne)	
前	avant	
前髪	toupet(m)	
前庭	avant-cour(f)	
前払い	payer d'avance	
まがる	se courber	
巻く	rouler	
まくら	oreiller(m)	
マグロ	thon(m)	
負ける	perdre	
孫（男）	petit-fils(m)	
孫（女）	petite-fille(f)	
まじめ	sérieux(se)	
マス（魚）	truite(f)	
麻酔	anesthésie(f)	
マスカラ	mascara(m)	
まずしい	pauvre	
まだ	encore	
又は	ou	
町、街	ville(f)	
待合室	salle d'attente(f)	
待ち合わせ	rendez-vous(m)	
まちがい	faute(f)	
待つ	attendre	
まつ毛	cil(m)	
マッサージ	massage(m)	
マッシュルーム	champignon de Paris(m)	
まっすぐ	droit(e)	
祭り	fête(f)	
～まで	jusqu'à	
窓	fenêtre(f)	
窓側の席	siège côté fenêtre(m)	
マナー	manières (f.pl.)	

マニキュア	vernis à ongles(m)	
マネる	imiter	
まもなく	bientôt	
守る	défendre	
豆	pois(m)	
麻薬	drogue(f)	
まゆげ	sourcil(m)	
迷い	hésitation(f)	
まるい	rond(e)	
稀な	rare	
回す	tourner	
万	dix mille(m)	
満員	complet	
マンガ	bande dessinée(f)	
満足	satisfaction(f)	
まん中	milieu(m)	
実	grain(m)	
見送る	raccompagner	
みがく	polir	
見方、観点	point de vue(m)	
右	droite(f)	
未婚	célibat(m)	
岬	cap(m)	
みじかい	court(e)	
水	eau(f)	
水色	bleu clair(m)	
湖	lac(m)	
水着	maillot de bain(m)	
店	magasin(m)	
（～を）見せる	montrer	
見せて！	Montrez!	
道	chemin(m)	
みつける	trouver	
見積り書	devis(m)	
密輸する	importer illégalement	
みとめる	apercevoir	
緑色	vert(m)	
皆（みな）	tout le monde(m)	
港	port(m)	
南	sud(m)	
みにくい	laid(e)	
ミネラルウオーター	eau minéral(f)	
身分証明書	carte d'identité(f)	
未亡人	veuve(f)	
見本	échantillon(m)	
耳	oreille(f)	
脈拍	pouls(m)	
みやげ	souvenir(m)	
苗字	nom de famille(m)	
明晩	demain soir	
未来	futur(m)	
魅力的	charmant(e)	
見る	regarder	
ミルク	lait(m)	
ミンク	vison(m)	
民主主義	démocratie(f)	
民族	race(f)	
民俗音楽	musique folklorique(f)	

民俗舞踊	danse folklorique(f)	
民族的な	ethnique	
ムール貝	moule(f)	
むかえる	accueillir	
むかし	ancien temps	
無効	nullité(f)	
無罪の	innocent(e)	
無罪	innocence(f)	
虫	insecte(m)	
蒸す	cuir à la vapeur	
無視	mépris(m)	
ムシ歯	dent cariée(f)	
無職	sans profession	
むずかしい	difficile	
息子	fils(m)	
むすぶ	nouer	
娘	fille(f)	
ムダづかい	gaspillage(m)	
無駄な	inutile	
胸、乳房	sein(m)	
胸、胸板	poitrine(f)	
村	village(m)	
紫	violet(m)	
ムリな	impossible	
無料	gratuit(e)	
目	œil(m)	
名刺	carte de visite(f)	
名詞	nom(m)	
名所	site célèbre(m)	
迷信	superstition(f)	
迷惑	ennui(m)	
メインディッシュ	plat principal(m)	
メートル	mètre(m)	
メープルシロップ	sirop d'érable(m)	
メール、Eメール	e-mail(m)	
メールアドレス	adresse e-mail(f)	
メガネ	lunettes (f.pl.)	
目薬	collyre(m)	
（…を）目指す	viser à	
メス	femelle(f)	
めずらしい	rare	
めったに～ない	rarement	
メドレー	pot-pourri(m)	
メニュー	menu(m)	
眩暈	vertige(m)	
メロン	melon(m)	
綿	coton(m)	
免税	exemption d'impôts(f)	
免税店	duty-free(m)	
面積	superficie(f)	
めんどくさい	embarrassant(e)	
綿棒	coton-tige(m)	
もう～した	déjà	
申し込み	souscription(f)	
申し訳ない	Excusez-moi	
儲ける	gagner de l'argent(m)	
盲腸炎	typhlite(f)	
毛布	couverture(f)	

燃える	brûler	
目的	but(m)	
目的地	destination(f)	
目標	objet(m)	
木曜日	jeudi(m)	
もし～ならば	si ～ (alors ～)	
文字	lettre(f)	
もしもし	Allô	
持ち上げる	lever	
もち米	riz gluant(m)	
持ち主	propriétaire	
もちろん	bien sûr	
持つ	avoir	
持っていく	emporter	
持ってくる	apporter	
もてなす	accueillir	
元夫	ex-mari(m)	
元彼女	ex-copine(f)	
元彼氏	ex-copain(m)	
元妻	ex-femme(f)	
戻って来る	revenir	
戻って行く	retourner	
物	chose(f)	
模様（図柄）	motif(m)	
最寄の	le plus proche	
森	forêt(f)	
もらう	recevoir	
門	porte(f)	
問題	problème(m)	

や行

山羊	chèvre(f)
焼き増し	tirage supplémentaire(m)
野球	base-ball(m)
約（およそ）	environ
焼く	griller
約束	promesse(f)
役に立つ	être utile
ヤケド	brûlure(f)
野菜	légumes (m.pl.)
優しい	tendre
易しい	facile
ヤシ	cocotier(m)
安い	bon marché(f)
安売り	solde(m)
やすみ	pause(f)
やすむ	se reposer
野生動物	animal sauvage(m)
やせた	maigre
屋台	stand(m)
家賃	loyer(m)
薬局	pharmacie(f)
やっと	enfin
破る	déchirer
屋根	toit(m)
山	montagne(f)

止める	arrêter
やわらかい	*mou*(molle)
湯	eau chaude(f)
ゆううつ	mélancolie(f)
遊園地	parc d'attractions(m)
有害な	nuisible
夕方	soir(m)
有効期限	durée de validité(f)
有効な	valide
有罪の	coupable
優勝	victoire(f)
友情	amitié(f)
夕食	dîner(m)
郵送する	envoyer
郵便	poste(f)
郵便受け	boîte aux lettres(f)
郵便局	bureau de poste(m)
郵便番号	code postal(m)
郵便料金	tarifs postaux (m.pl.)
有名人	célébrité(f)
有名な	célèbre
ユーモア	humour(m)
有料	payant(e)
床	sol(m)
ゆかい	joyeux (se)
雪	neige(f)
輸出	exportation(f)
ゆたか	richesse(f)
ゆっくり、ゆっくりと	lentement
ゆっくり話して！	Parlez lentement!
ゆでる	bouillir
ユニフォーム	uniforme(m)
輸入	importation(f)
指	doigt(m)
指輪	bague(f)
夢	rêve(m)
夢を見る	rêver
良い	bon(ne)
酔う	être ivre
用意する	préparer
用事	affaire(f)
用心する	faire attention
ようす	état(f)
ヨーグルト	yaourt(m)
ヨーロッパ	Europe(f)
ヨーロッパ的な	européen(ne)
余暇	loisirs (m.pl.)
預金	dépôt(m)
横	largeur(f)
予想	prévision(f)
予防	prévention(f)
欲	désir(m)
よごれる	se salir
予算	budget(m)
ヨット	voilier(m)
予定	projet(m)
よぶ	appeler

読む	lire
嫁	belle-fille(f)
予約	réservation(f)
予約する	réserver
予約席	place réservée(f)
夜	nuit(f)
よろこぶ	être content(e)
よわい	faible
4	quatre(m)
四分の一	un quart

ら行

来月	le mois prochain
来週	la semaine prochaine
ライター	briquet(m)
来年	l'année prochaine(f)
ライム	citron vert(m)
楽	confortable
ラジオ	radio(f)
ラム（羊肉）	agneau(m)
ランニング	course(f)
ランプ	lampe(f)
理解	compréhension(f)
理解する	comprendre
陸	terre(f)
離婚	divorce(m)
リストラされた	restructuration(f)
理想	idéal(m)
リットル	litre(m)
立派	admirable
リビングルーム	salon(m)
理由	raison(f)
～へ留学する	étudier en(au) ～国名
流行遅れの	démodé(e)
流行の	à la mode
リューマチ	rhumatisme(m)
量	quantité(f)
寮	pension(f)
両替	change(m)
両替所	bureau de change(m)
料金	tarif(m)
良心	conscience(f)
領事館	consulat(m)
領収書	reçu(m)
領土	territoire(m)
料理	cuisine(f)
料理学校	école culinaire(f)
料理する	cuisiner
旅行	voyage(m)
旅行する	voyager
旅行者	voyageur(se)
旅行代理店	agence de voyages(f)
リラックスする	se relaxer
リンゴ	pomme(f)
臨時の	temporaire
留守	absence(f)

ルバーブ ....rhubarbe(f)	ワニ ....crocodile(m)
ルビー ....rubis(m)	わらう ....rire
例....................exemple(m)	割引き..............réduction(f)
霊 ....esprit(m)	割る ....casser
冷蔵庫.............réfrigérateur(m)	割る（割り算）...division
冷凍の..............surgelé(s) (m.pl.)	悪い ....mauvais(e)
冷房 ....climatisation(f)	湾....................baie(f)
歴史 ....histoire(f)	ワンピース.......robe(f)
レストラン.......restaurant(m)	
列車 ....train(m)	
レート ....taux(m)	
レバー ....foie(m)	
レズビアン.......lesbienne(f)	
レベル ....niveau(m)	
レモン ....citron(m)	
練習 ....exercice(m)	
レンタカー.......voiture de location(f)	
レントゲン.......rayons X (m.pl.)	
連絡する ....prévenir	
廊下 ....couloir(m)	
老眼 ....presbytie(f)	
老人 ....personne âgée(f)	
ロウソク ....bougie(f)	
労働者 ....travailleur(se)	
6....................six(m)	
6月..............juin(m)	
録音する ....enregistrer	
ロシア..............Russie(f)	
ロック ....rock(m)	
路線図..............plan de lignes(m)	
ロビー ....hall(m)	
ロブスター.......homard(m)	

わ行

輪....................boucle(f)	
わいせつな.......obscène	
わいろ..............pot-de-vin(m)	
ワイン..............vin(m)	
赤ワイン.......vin rouge(m)	
白ワイン.......vin blanc(m)	
若い ....jeune	
沸かす..............chauffer	
わがまま ....entêtement(m)	
わかる..............comprendre	
わかれる ....quitter	
わきの下 ....aisselle(f)	
わける..............diviser	
輪ゴム..............élastique(m)	
わざと..............exprès	
わずか..............à peine	
わずらわしい ...ennuyeux(se)	
忘れられない ...inoubliable	
忘れる..............oublier	
私....................je	
私たち..........nous	
私の..............mon(ma)	
わたす..............transmettre	
わたる..............traverser	

フランス語→日本語 単語集

"第4部"では約2500の単語を収録しています。
旅行者にとって必要度の高い言葉、深い内容を
話すための言葉を厳選しています。

A

abeille(f)................蜂
absence(f)..............欠席 / 留守
absent(e) ....欠席している
absolument............絶対に
absurde.................くだらない
accent(m)...............アクセント / 訛り
accès aux quais(m)改札口
accident de la route(m) 交通事故
accident(m)...........事故
accompagna*teur*(trice) 添乗員
accouchement(m)..出産
accoucher..............産む
accueillir...............むかえる / もてなす
(bon)accueil(m).....歓迎
acheter.................買う
acide ....すっぱい
acrylique(m)..........アクリル
acte de décès(m)... 死亡届
acteur(m)..............俳優
acteur principal(m). 主演男優
acti*f*(ve)...............活動的な / 活発
activité(f)..............活動
actrice(f)...............女優
actrice principale(f) 主演女優
adaptateur(m).......アダプター
addition(f).............勘定書
admirable..............立派
admirer ....感心する
adolescent(e)........10代の若者
adresse e-mail(f)....メールアドレス
adresse(f) ....住所
adroit(e) ....器用な / 上手
adulte ....おとな
aérobic(m) ....エアロビクス
aéroport(m)...........空港
affaire(f) ....用事
affiche(f)...............はり紙
affrètement(m) ......チャーター
Afrique(f)..............アフリカ
âgé(e)...................歳とった
âge(m) ....歳 / 年齢
agence de spectacle(s)(f).. プレイガイド
agence de voyages(f). 旅行代理店
agir......................効く
agneau(m) ....ラム（羊肉）
agréable................気持ちいい
agriculture............農業
aider....................援助する / てつだう
aigu(ë) ....するどい
aimer....................愛する / 好き
ainsi ....この通り
air conditionné(m).. エアコン
air(m) ....空気
  de plein air..........アウトドア
aisselle(f) ....わきの下
ajouter.................加える / 足す
ajuster..................調整する
Alaska(m) ....アラスカ

alcool(m)...............アルコール
aliment(m).............食べ物
allégé(e)................低脂肪の
Allemagne(f)..........ドイツ
allemand(e)...........ドイツ系の
aller ....行く
aller et retour(m)... 往復
aller(simple)(m)..... 片道
allergie(f)..............アレルギー
alliance(f)..............結婚指輪
Allô......................もしもし
amant(m) ....愛人（男）
ambassade de France(f) フランス大使館
ambassade du Japon(f).. 日本大使館
ambassade(f)........ 大使館
ambassa*deur*(drice) 大使
ambulance(f)......... 救急車
améliorer...............改良する
amer(ère)..............にがい
américain(e)..........アメリカ的な
Amérique du Nord(f) 北米
ami(e) ....友達
amiante(f) ....石綿
amitié(f)................友情
amour déçu(m).... 失恋
amour(m)..............愛 / 愛情 / 恋
amoureu*x*(se)......恋人
amulette(f) ....お守り
amusant(e) ....おもしろい
amygdale(f)...........扁桃腺
an(m) ....年
ancêtre(m) ....先祖
ancien temps ....むかし
anémie(f)..............貧血
anesthésie(f).........麻酔
ange(m) ....天使
anglais(e)..............イギリス風の
anglais(m)..............英語
Angleterre.............イギリス
anguille(f)..............うなぎ
animal domestique(m) 家畜
animal sauvage(m) 野生動物
animal(m)..............動物
anniversaire de mariage(m) 結婚記念日
anniversaire de naissance(m) .. 誕生日
anniversaire(m)..... 記念日
annuaire téléphonique(m).. 電話帳
annuelle(f)............毎年の
annulaire(m) ....くすり指
annuler ....中止する / とり消す
anormal(e)............異常
antalgique(m)........ 鎮痛剤
antidiurétique(m).... 下痢どめ
antidote(m) ....解熱剤
antipathie(f)..........反感
anus(m) ....肛門
anxiété(f)..............不安
août(m)................8月
apercevoir.............みとめる
apéritif(m) ....食前酒
appareil (photo)(m) カメラ

appareil photo jetable(m) 使い切りカメラ
apparence(f) ....外見
appartement(m)..... アパート
appeler..................よぶ
appétit(m)..............食欲
appliqué(e).............勤勉な
apporter ....持ってくる
apprendre ....ならう
approcher ....近づく
après......................あとで
après-demain........あさって
après-guerre(f)..... 戦後
après-midi(m) .... 午後
après-rasage(m)....アフターシェーブ
aquarium(m) ....水族館
araignée(f)............クモ
arbre fruitier(m)......果樹園
arbre(m)................木
architecte ....建築家
architecture(f) ....建築
argent(m)..............お金 / 銀
arithmétique(f) ......算数
armée(f)................軍隊
armée de mer(f)......海軍
armoire(f)..............たんす
aromathérapie(f)....アロマテラピー
arracher ....抜く
arrêt d'autobus(m). バス停
arrêt(m)................停留所（長距離バス）
arrêter ....逮捕する / 止める
arrêter de fumer.....禁煙する
arrière-cour(f)........裏庭
arriver ....着く
arriver à ....到着する
arriver en retard .....遅刻する
arrogant(e)............いばった
arrondissement(m) 区
art(m)...................芸術 / 美術
artère(f).................動脈
artificiel(le) ....人工的な
artiste...................芸術家
artistique ....芸術的な
Asie(f)...................アジア
Asie du Sud-Est(f). 東南アジア
aspirateur(m)........掃除機
assaisonnement(m).調味料
assez ....充分な
assiette(f).............皿
assurance(f)..........保険
astrologie(f)...........星座（星占い）
Atlantique(m)........大西洋
atmosphère(f)........雰囲気
attacher................しばる / つける / 襲う
atteindre...............当てる
attendre ....待つ
attenti*f*(ve) ....注意力のある
attention(f)............注意
faire attention........用心する
faire attention à～. ～に気を付ける
atterrissage(m) ......着陸
attitude(f) ....態度

attraper	つかまえる	
aubergine(f)	ナス	
augmenter	ふえる / ふやす	
aujourd'hui	今日	
Australie(f)	オーストラリア	
autobus(m)	バス	
autocollant(m)	シール	
automatique	自動の	
automne(m)	秋	
autopompe(f)	消防車	
autoroute(f)	高速道路	
auto-stop(m)	ヒッチハイク	
autre	ほかの	
autrui	他人	
avancer	進む	
avant	以前 / 前	
avant-cour(f)	前庭	
avant-hier	おととい	
avare	けち	
avenir(m)	将来	
aventure(f)	浮気 / 冒険	
avion(m)	飛行機	
avis(m)	意見 / 感想	
avocat(e)	弁護士	
avoir	持つ	
avoir besoin de	必要とする	
avoir confiance en	信頼する	
avoir de la fièvre	熱が出る	
avoir mal à	痛い	
avoir marre de	嫌になる	
avoir peur de 〜	〜が怖い	
avoir soif	のどが乾く	
avoir sommeil	ねむい	
avoir un problème	困る	
avoir une contraception	避妊する	
avril(m)	4月	

B

bactérie(f)	細菌	
bagage à main(m)	手荷物	
bagage(m)	荷物	
bague(f)	指輪	
baguettes (f .pl.)	箸	
baie(f)	湾	
baignoire(f)	バスタブ	
bain(m)	風呂	
baiser(m)	キス	
baisser	さがる	
la Balance	てんびん座	
baleine(f)	くじら	
ballet(m)	バレエ	
bambou(m)	竹	
banane(f)	バナナ	
bande(f)	郡	
bande dessinée(f)	マンガ	
bande vidéo(f)	ビデオテープ	
banlieue(f)	郊外	
banque(f)	銀行	
banquet(m)	宴会	

barbe(f)	あごひげ / ヒゲ	
barbecue(m)	バーベキュー	
bas(m)	ストッキング	
bas(se)	低い	
base(f)	基地	
base-ball(m)	野球	
bateau(m)	船	
bâtiment(m)	建物	
battre	なぐる	
bavardage(m)	おしゃべりな	
bavarder	喋る	
bavarois(m)	ババロア	
beau temps(m)	晴れ	
beau(belle)	美しい / きれいな	
beau(m)	ハンサムな	
beaucoup	多い / たくさん	
beau-père(m)	義父	
bébé(m)	あかちゃん	
Belge	ベルギー人	
Belgique(f)	ベルギー	
le Bélier	おひつじ座	
belle vue(f)	ながめがいい	
belle-fille(f)	嫁	
belle-mère(f)	義母	
bête(f)	バカ	
bêtise(f)	いたずら	
beurre(m)	バター	
la Bible(f)	聖書	
bibliothèque(f)	図書館	
bien	いい / 上手い	
bien sûr	もちろん	
biens immobiliers(m.pl.)	不動産	
bientôt	まもなく	
bière en boîte(f)	缶ビール	
bière pression(f)	生ビール	
bière(f)	ビール	
bijou(m)	アクセサリー	
billet aller(m)	片道切符	
billet d'avion(m)	航空券	
billet de réservation(m)	座席指定券	
billet(m)	券 / 紙幣	
billion(m)	兆	
biscuit(m)	クッキー	
bistro(m)	バー	
bizarre	奇妙な	
blague(f)	じょうだん	
blanc(he)	白い	
blanc(m)	白	
blanchissage(m)	クリーニング	
blesser	傷つける	
blessure(f)	傷 / ケガ	
bleu clair(m)	水色	
bleu(e)	青い	
bleu(m)	痣	
bœuf(m)	牛 / 牛肉	
boire	飲む	
bois(m)	木（材質）	
boisson(f)	飲み物	
boîte aux lettres(f)	郵便受け / ポスト	
boîte de nuit(f)	ディスコ	

boîte(f)	箱	
bombe atomique(f)	原子爆弾	
Bon anniversaire	お誕生日おめでとう	
bon de garantie(m)	保証書	
bon marché(m)	安い	
bon mari(m)	愛妻家	
bon(ne)	良い	
bonheur(m)	幸運 / しあわせ	
bonjour	こんにちは	
bonne nuit	おやすみなさい	
botte(f)	ブーツ	
bouche(f)	口	
boucherie(f)	肉屋	
bouchon(m)	栓	
boucle d'oreille(f)	イアリング	
boucle(f)	輪	
bouddhisme(m)	仏教	
bouddhiste	仏教徒	
bougie(f)	ロウソク	
bouillie de riz(f)	粥	
bouillir	ゆでる	
boulangerie(f)	パン屋	
bourse(f)	奨学金	
bousculade(f)	混雑	
bout(m)	端	
bouteille(f)	ビン	
bouton(m)	スイッチ / にきび / ボタン	
bracelet(m)	ブレスレット	
bras(m)	腕	
briller	光る	
briquet(m)	ライター	
broche(f)	くし（串）	
brochure(f)	パンフレット	
brocoli(m)	ブロッコリー	
bronzage(m)	日焼け	
brosse à dents(f)	ハブラシ	
brosse(f)	ブラシ	
brouillard(m)	霧	
bruit(m)	騒音	
brûler	こげる / 燃える	
brûlure(f)	ヤケド	
brun(m)	褐色 / 銅（色）	
bruyant(e)	うるさい / 騒がしい	
budget(m)	予算	
bureau de change(m)	両替所	
bureau de poste(m)	郵便局	
bureau(m)	事務所	
but(m)	目的	
buveur(se)	酒飲み	

C

ça	あれ / それ	
cabinet de toilette(m)	洗面所	
cacher	かくす	
cactus(m)	サボテン	
se cacher	かくれる	
cadeau(m)	プレゼント	
cafard(m)	ゴキブリ	
café glacé(m)	アイスコーヒー	

(111)

café(m) .... カフェ / 喫茶店 / コーヒー
cahier(m) .... ノート
calculatrice(f) .... 計算機
caleçon(m) .... パンツ（下着）
calendrier(m) .... カレンダー
calmar(m) .... イカ
calme .... おとなしい / しずか
camarade de classe クラスメート
cambrioleur(se) ..... 空き巣
camion(m) .... トラック
campagne(f) .... いなか
Canada(m)............. カナダ
canapé(m) .... カウチ / ソファー
canard(m) .... アヒル / 鴨
cancer(m) .... ガン
le Cancer .... かに座
candidat(e).......... 候補者
cannelle(f).......... シナモン
canot(m) .... ボート
cap(m) .... 岬
capacité(f)........... 能力
capitale(f)............ 首都
capitalisme(m) ..... 資本主義
capitaliste............ 資本家
capricieux(se) .... きまぐれな
le Capricorne .... やぎ座
caractère chinois(m) 漢字
caractère franc(m) . 開放的性格
caractère(m) .... 性格
caractéristique(f).... 特徴
carré(m)............... 四角
carrefour(m).......... 交差点
carte d'adhèrent(f). 会員証
carte de crédit(f) .... クレジットカード
carte de débarquement(f).. 入国カード
carte de paiement(f) キャッシュカード
carte de visite(f)..... 名刺
carte d'identité(f).... 身分証明書
carte postale illustrée(f)絵はがき
carte postale(f)...... ハガキ
carte(f) .... カード / 地図
cartes (f .pl.).......... トランプ
cas(m).................... （〜の）場合
caserne des sapeurs-pompier(m)消防署
casino(m)............... カジノ
casquette(f)........... 帽子（縁なし）
cassé(e)................. 壊れている
casse-croûte(m)..... べんとう
casser.................... こわす
casser(f)................. 割る
casserole(f)............ ナベ
cassette(f).............. カセットテープ
castor(m) .... ビーバー
catholicisme(m) ..... カトリック
catholique............. カトリック教の
catarrhe nasal(m) .. 鼻炎
cauchemar(m) .... 悪夢
cause(f).................. 原因
caution(f)............... 保証金
ce........................... この / あの / その

ce type-là(m).......... あいつ
ce,cet/cette/ces(m/f/pl.) この
ceinture(f) .... ベルト
ceci .... これ
cela .... あれ / それ
célébre.................. 有名な
célébrité(f)............. 有名人
céleri(m)................. セロリ
célibat(m)............... 独身 / 未婚
célibataire .... 独身の
cendre(f)................. 灰
cendrier(m) .... 灰皿
cent mille(m) .... 十万
centimétre(m) .... センチメートル
centre(m) .... 中心
cérémonie du thé(m)茶の湯
cerf(m)................... 鹿
cerf-volant(m) .... 凧
cerisier(m)............. サクラ
certificat médical(m) 診断書
certificat(m).......... 証明書
cerveau(m) .... 脳
ces .... あれら
C'est super! .... サイコー！
cette année(f)......... 今年
cette fois-ci .... 今回
cette semaine .... 今週
chaîne(f) .... チャンネル
chaise(f)................. 椅子
chambre à un lit(f).. シングルルーム
chambre(f)............. 部屋
champ(m) .... 畑
champignon de Paris(m) マッシュルーム
championnat(m)..... 選手権
chance(f)................ 運 / チャンス
chanceux(se)......... 幸運な
être chanceux(se).. 運がいい
chandail(m)............ セーター
change(m) .... 両替
changer.................
変える / 変わる / とり替える / 乗り換える
 changer d'avis ..... 気が変わる
 se changer........... 着替える
chanson(f) .... 歌
chant folklorique(m). フォークソング
chanter.................. 歌う
chanteur(m) .... 歌手（男）
chanteuse(f)........... 歌手（女）
chapeau(m) .... 帽子（縁あり）
charbon(m) .... 石炭
chariot(m)............... 大平原
charmant(e) .... チャーミングな
charpentier(m)....... 大工
chasse(f)................. 狩り
chat(te) .... ネコ
chatouiller .... くすぐる
chaud(e)................. 暖かい / 暑い
chauffage(m).......... 暖房
chauffer................. 暖める
chauffeur............... 運転手

chaumeur(se) .... 失業者
chaussette(f).......... くつした
chaussure(f)........... 靴
chauve................... 禿の人
chef(m) .... シェフ
chemin(m) .... 道
chemise(f).............. シャツ
chemisier(m)......... ブラウス
chèque de voyage(m). トラベラーズチェック
chèque(m) .... 小切手
cher(ère)................. 高い（値段）
chercher................ 探す
cheval(m)............... 馬
cheveu(f)................ 毛
cheveux blancs (m .pl.).. 白髪
cheveux blonds (m .pl.) .金髪
cheveux (m .pl.)..... 髪
cheville(f)................ 足首
chèvre(f) .... 山羊
chien(ne)................. 犬
chiffre(m)................ 数字
chimie(f)................. 科学
Chine(f).................. 中国
chinois(e)............... 中国人
chinois(m)............... 中国語
chirurgie(f) .... 外科
chœur(m)............... 合唱
choisir .... 選ぶ
choix(m).................. 選択
choléra(m) .... コレラ
chômage................ 失業
 au chômage.......... 失業中の
chose(f)................... 事 / 物
chou à la crème(m) シュークリーム
chouette................. カッコいい
christianisme(m) .... キリスト教
chute(f)................... 滝
cicatrice(f).............. 傷跡
ciel(m) .... 空
cigale(f).................. 蝉
cigarette(f).............. タバコ
cil(m)...................... まつ毛
cinéma(m)............. 映画
cinq .... 5 つの
cinq(m)................... 5
cinquième .... 5 番目
circonstances (f .pl.) 事情
circulation(f)........... 交通
ciseaux(m pl.)........ ハサミ
citron(m)................. レモン
citron vert(m) .... ライム
clair(e)................... 明るい
classe affaires(f) .... ビジネスクラス
classe(f).................. 授業
classique............... クラシック
clavecin(m) .... チェンバロ
clef de la chambre(f)部屋の鍵
clef/clé(f)................ カギ
client(e)................. 宿泊客
climat(m)............... 気候
climatisation(f) .... 冷房

climatiseur(m)	クーラー	
clochard(e)	乞食	
clou(m)	クギ	
coca-cola(m)	コカコーラ	
cochon(m)	ブタ	
cocotier(m)	ヤシ	
code postal(m)	郵便番号	
code secret(m)	暗証番号	
cœur(m)	心 / 心臓	
coffre-fort(m)	金庫	
coiffeur(se)	床屋	
coiffure(f)	ヘアスタイル	
coin(m)	角 / 隅	
coincer	はさむ	
col(m)	エリ（襟）	
en colère	怒った	
colis(m)	小包	
collaborer	協力する	
collant(m)	タイツ / パンティーストッキング	
colle(f)	接着剤 / のり	
collège(m)	中学校	
collègue	同僚	
coller	くっつく / 貼る	
collier(m)	首飾り / ネックレス	
colline(f)	丘	
collyre(m)	目薬	
colonie(f)	植民地	
coloré(e)	色とりどりの	
combattre	たたかう	
combien	いくつ / いくら	
Combien de fois?	何回？	
Combien de personnes?.何人？		
Combien de sortes?何種類？		
Combien d'heures? 何時間？		
commander	注文する	
commémorer	記念する	
commencer	はじめる	
comment	どうやって？	
Comment allez-vous? 元気ですか？		
commerçant(e)	商人	
commerce extérieur(m) 貿易		
commerce(m)	商業 / 商売	
commissariat de police(m) 警察署		
commission(f)	手数料	
commun(e)	共通の	
communauté(f)	地域社会	
communisme(m)	共産主義	
compagnie aérienne(f)航空会社		
compagnie d'assurance(f).保険会社		
comparer	比べる	
compassion(f)	同情	
compétition(f)	競争	
complet	満員	
complexe	複雑な	
composteur(m)	改札機	
compréhension(f)	理解	
comprendre	理解する / わかる	
compresse(f)	湿布	
comptabilité(f)	会計	
compte(m)	勘定 / 口座	

compter	数える	
compter sur	たよる	
concentration(f)	集中力	
se concentrer	集中する	
concernant	(〜に) 関する	
concert(m)	コンサート	
concierge	管理人	
concombre(m)	キュウリ	
concours(m)	コンテスト	
condition(f)	条件	
conduire	運転する	
conférence(f)	講演	
confiance(f)	自信	
faire confiance à	気を許す	
confiture(f)	ジャム	
confortable	楽	
confus(e)	混乱する	
congeler	凍らせる	
connaissances (f.pl.)知識		
connaître	知る	
conscience(f)	良心	
conseil(m)	忠告	
conseiller(ère)	コンサルタント	
conserve(f)	缶づめ	
constipation(f)	便秘	
constitution(f)	憲法	
construire	建てる	
en construction	工事中	
consul général(m)..総領事館		
consulat du Japon(m)日本領事館		
consulat(m)	領事館	
consultation(f)	診察 / 相談	
contenir	ふくむ	
être content(e)	よろこぶ	
contenu(m)	内容	
continent(m)	大陸	
continuer	つづく	
contraire(m)	反対する	
contrat(m)	契約書	
contribution(f)	寄付	
contrôle d'immigration(m)..出入国管理		
contrôleur(se)	車掌	
contusion(f)	打ち傷	
être convaincu(e)... 確信する		
conversation(f)	会話	
copie(f)	写し	
copain(copine)	仲間	
coq(m)	ニワトリ	
coquillage(m)	貝	
coquille Saint-Jacques(m). ホタテ貝		
corail(m)	サンゴ	
Corée(f)	韓国	
coréen(ne)	韓国人	
corps(m)	からだ	
correction(f)	訂正	
correspondance(m)接続（電車の）		
costume(m)	スーツ（男性用）	
coton(m)	綿	
coton-tige(m)	綿棒	
cou(m)	首	

se coucher	寝る	
couchette(f)	寝台車	
coude(m)	肘	
couler	しずむ / ながれる	
couleur(f)	色	
couloir(m)	廊下	
coup de soleil(m)	日射病	
coupable	有罪の	
coupe de cheveux(f)散髪		
coupe-ongles(m).... つめ切り		
couper	切る	
couper les cheveux髪を切る		
couple(m)	夫婦	
coupure(f)	切り傷	
Courage!	がんばれ！	
se courber	まがる	
courir	走る	
course de chevaux(f) 競馬		
course(f)	ランニング	
courses (f.pl.)	買い物	
court(e)	みじかい	
cousin(e)	いとこ	
coût de la vie(m)	生活費	
couteau(m)	ナイフ	
coutume(f)	習慣（慣習的な）	
couvercle(m)	フタ	
couverture(f)	毛布	
crabe(m)	カニ	
crachat(m)	痰	
cravate(f)	ネクタイ	
crayon(m)	エンピツ	
crème à raser(f)	シェービングクリーム	
crème caramel(f)	カスタードプリン	
crème de bronzage(f)日焼けローション		
crème démaquillante(f) クレンジングクリーム		
crème fraîche(f)	生クリーム	
crème solaire(f)	日焼け止め	
crêpe(f)	クレープ	
creuser	掘る	
crevaison(f)	パンク	
crevette(f)	エビ	
crier	叫ぶ / 鳴く	
crime(m)	罪 / 犯罪	
criminel(le)	犯人	
crise cardiaque(f). 心臓発作		
crise économique(f).経済危機		
crise(f)	ピンチ	
crocodile(m)	ワニ	
croire	信じる	
croissance économique(f).経済成長		
crotte(f)	糞	
cru(e)	生	
cuiller(f)	スプーン	
cuir à la vapeur	蒸す	
cuire	煮る	
cuisine japonaise(f)日本食		
cuisine régionale(f) 郷土料理		
cuisine(f)	台所 / 料理	
cuisiner	料理する	
cuisinier(ère)	コック	

cu → dy

cuisse(f) .... ふともも
culculer .... 計算する
culotte(f) .... パンティー
cultivé(e) .... 教養のある人
culture(f) .... 文化
curiosité(f) .... 好奇心
cuvette(f) .... 洗面器
cystite(f) .... 膀胱炎

D

d'accord .... OK
dame(f) .... 奥様 / 婦人
danger(m) .... 危険
dangereux(se) .... あぶない / 危険な
danse folklorique(f) 民俗舞踊
danse(f) .... 踊り
danser .... 踊る
date de naissance(f) 生年月日
date(f) .... 期日 / 日付
daurade(f) .... 鯛
dé(m) .... サイコロ
debout .... 立つ
début(m) .... 最初
débutant(e) .... 初級者
décalage horaire(m) 時差、時差ボケ
décembre(m) 12月
déchirer .... 裂く / 破る
décider .... 決める
décision(f) .... 決定
décorer .... 飾る
déçu(e) .... ガッカリした
défaut(m) .... 欠陥 / 欠点
défendre .... 守る
Défense de fumer .. 禁煙（掲示）
Défense de photographier. 撮影禁止
Défense de stationner 駐車禁止
défense(f) .... 守備
degré(m) .... 程度
dégustation(f) .... 試食
déguster .... 試食する
dehors(m) .... 外
déjà .... すでに / もう〜した
déjeuner(m) .... 昼食
délai(m) .... 期限
délicat(e) .... デリケートな
délicieux(se) .... おいしい
demain .... 明日
demain soir .... 明晩
demande(f) .... 申請
demander à .... 請求する / たのむ
démanger à .... かゆい
déménager .... ひっこす
demi-journée(f) ...... 半日
demi-lune(f) .... 半月
le mois dernier .... 先月
démissionner .... 辞職する
démocratie(f) .... 民主主義
démodé(e) .... 流行遅れの
dent cariée(f) .... ムシ歯

dent(f) .... 歯
dentifrice(m) .... ハミガキ粉
dentiste .... 歯医者
déodorant(m) .... デオドラント
départ(m) .... 出発
département(m) ...... 県
dépassé(e) .... 時代遅れ
se dépêcher .... いそぐ
dépense(f) .... 経費
déplacer .... 移す
déplaisant(e) .... 不快な
déposer .... あずける
dépôt(m) .... 預金
dépression(f) .... 不景気
déranger .... じゃまをする
dermatologie(f) ...... 皮膚科
derrière .... 後ろ
dernier(ère) .... 最後の / 最新の
　l'année dernière(f) 去年
　la semaine dernière(f) 先週
désagréable .... 気持ち悪い
désastre(m) .... 災害
descendant(e) .... 子孫
descendre .... 降りる / 下る
désert(m) .... 砂漠
désespoir(m) .... 絶望
désinfection(f) .... 消毒
désir(m) .... 欲
désolé(e) .... すみません
dessert(m) .... デザート
dessin(m) .... 柄 / デザイン
destination(f) .... 行き先 / 目的地
destruction de l'environnement(f) 環境破壊
détaillé(e) .... くわしい
détester .... 嫌う (好きではない)
dette(f) .... 借金
deux 2つの
deuxième 2番目の
deuxième fille(f) ..... 次女
Deuxième guerre mondiale(f) 第2次世界大戦
développement(m) 発展
devis(m) .... 見積り書
devoir(m) .... 宿題
d'habitude .... たいてい
diabète(m) .... 糖尿病
diable(m) .... 悪魔
dialecte(m) .... 方言
diamant(m) .... ダイヤモンド
diarrhée(f) .... 下痢
dictionnaire(m) ...... 辞書
Dieu(m) .... 神
différence(f) .... 差
différent(e) .... ちがう
difficile .... 気難しい / むずかしい
difficulté(f) .... 困難
digestion(f) .... 消化
dilemme(m) .... ジレンマ
dimanche(m) .... 日曜日
diminuer .... 減る
dinde(f) .... 七面鳥

dîner(m) .... 夕食
diplomatie(f) .... 外交
dire .... 言う
directeur(rice) .... 監督
direction(f) .... 方向
discours(m) .... 演説
discret(ète) .... 地味な
discrimination(f) ..... 差別
discussion(f) .... 議論
discuter .... 討論する
disparaître .... 消える
dispute(f) .... 口論
　se disputer .... 言い争う
disque compact(m) C D
distance(f) .... 距離
distinction(f) .... 区別
distributeur automatique(m) 自動販売機
diviser .... わける
division .... 割る（割り算）
divorce(m) .... 離婚
dix .... 10 の
dix mille(m) .... 万
dix(m) 10
dix-neuf(m) 19
dix-sept(m) 17
docilité(f) .... スニーカー
doigt(m) .... 指
dollar(m) .... ドル
dominante(f) .... 専攻科目
dommage(m) .... 惜しい / 残念
dommage(m) .... 損害
donner .... あげる（人に）
donner un coup de pied.. ける
dormir .... 眠る
dos(m) .... 背中
douane(f) .... 税関
double .... 二重の
double(m) .... 倍
douche(f) .... シャワー
douleur(f) .... 痛み
douleurs de l'accouchement (f.pl.) ... 陣痛
douloureux(se) ...... くるしい
doute(m) .... 疑い / 疑問
douter .... 疑う
douteux(se) .... あやしい
doux(ce) .... 穏やかな
douzaine(f) .... ダース
douze(m) 12
drap(m) .... シーツ
drapeau national(m) 国旗
drapeau(m) .... 旗
drogue(f) .... 麻薬
droit(e) .... まっすぐ
droit(m) .... 権利
droite(f) .... 右
drôle .... おかしい
dur(e) .... 硬い / きつい / つらい
durée de validité(f) . 有効期限
de courte durée ..... 短期
duty-free(m) .... 免税店
dysenterie(f) .... 赤痢

(114)

E

eau chaude(f) .... 湯
eau du robinet(f) .... 水道水
eau minéral(f) .... ミネラルウオーター
eau potable(f) .... 飲料水
eau(f) .... 水
eau-de -vie(f) .... ブランデー
eaux thermales(f.pl).温泉
échanger............... 交換する
échanges(m.pl)..... 交流
échantillon(m) .... サンプル / 見本
échec(m)................ 失敗
échecs(m pl.) .... チェス
échouer à................ 失敗する
école culinaire(f) .... 料理学校
école de langues(f) 語学学校
école professionnelle(f) 専門学校
école(f)................. 学校 / 小学校
économie(f)........... 経済 / 経済学
économiser .... 節約する
Ecosse(f) .... スコットランド
écouter................. 聞く / 聴く（注意して）
écrire..................... 書く
eczéma(m)........... 湿疹
éducation(f)........... 教育
effet(m) .... 効果
effort(m) .... 努力
égal(e) .... 等しい
égalité(f)................ 平等
église(f)................. 教会
égoïste.................. 勝手な / 自己中心的な / 自分勝手な
égratignure(f) .... かき傷
élastique(m).......... 輪ゴム
élection(f)............... 選挙
électricité(f)............ 電気
élégance(f)............. 上品
éléphant(m) .... ゾウ
élève .... 生徒
élever..................... 飼う / そだてる
elle(f).................... 彼女（代名詞）
e-mail(m) .... メール / Eメール
embarrassant(e) .... めんどくさい
embouteillage(m)... 渋滞
embrasser.............. 抱く
émission de télé(f). テレビ放送
émission(f)............. 放送
emploi du temps(f).時間割
employé(e) de bureau 事務員
emporter .... 持っていく
emprunter .... 借りる（無料で）
en effet.................. なるほど
en fait.................... 実際は
en passant par 〜 ..〜経由して
en retard .... おくれる / 遅れた
en tout cas .... ともかく
être enceinte......... 妊娠している
encore................... 再度 / まだ
encore une fois...... ふたたび / くり返して！
encourager .... 応援する（〜を）
endroit public(m).... 公共の場所

endroit(m) .... ところ
énergie atomique(f)原子力
énergie(f) .... エネルギー
enfant..................... こども
enfant unique........ ひとりっ子
enfantin(e) .... こどもっぽい
enfer(m)................. 地獄
enfin...................... やっと
engourdissement(m)しびれ
enlever................... 脱ぐ
enneigement(m) .... 積雪
ennemi(e) .... 敵
ennui(m) .... たいくつ / 迷惑
ennuyé .... 退屈した
ennuyeux(se)......... 退屈な / わずらわしい
enquêter .... しらべる
enregistrer .... 登録する / 録音する
enseignant(e)........ 教師
enseignement obligatoire(m) 義務教育
enseigner.............. 教える
ensemble............... いっしょ
ensuite.................. それから
entêtement(m) ...... わがまま
entorse(f) .... ネンザ
entrée dans un pays(f)入国
entrée illégale(f)..... 不法入国
Entrée interdite ... 立入禁止
entrée(f)................ 入り口 / 入学 / 入場 / 玄関
entreprise(f).......... 会社
entrer.................... 入る
envahisseur(se)..... 侵入者
enveloppe(f)........... 封筒
envelopper............. つつむ
envers(m) .... 裏
envieux(se)............. うらやましい
environ.................. 約（およそ）
environnement(m) . 環境
envoi d'argent(m) ..送金
envoyer.................. 送る / 郵送する
envoyer par bateau 船便
épais(se)................ 厚い
épaule(f)................. 肩
épice(f)................... 香辛料
épilation(f).............. 脱毛
épingle(f)................ ピン
époque(f)................ 時代
à l'époque.............. あの頃
équipe(f)................ チーム
équité(f)................. 公平
érable(m)................ カエデ
ère chrétienne(f).... 西暦
escalier(m)............. 階段
escalope panée(f).. カツレツ
Espagne(f)............. スペイン
espèces (f.pl.)........ 現金
espérer .... 期待する / 希望する
espion(ne)............. スパイ
espoir(m) .... 希望する
esprit(m) .... 精神 / 霊
essayer .... 試着する / ためす

essence(f)............. ガソリン
est(m) .... 東
estomac(m)........... 胃
et .... そして
établissement(m) .. 施設
étage(m) .... 〜階
étagère(f)............... 棚
étang(m) .... 池
état de siège(m)..... 戒厳令
état(m) .... 具合 / ようす
États-Unis(m.pl.).... アメリカ合衆国
été(m) .... 夏
éteindre................. 消す
éternel(le) .... 永久の
ethnique................ 民族的な
étoile filante(f)....... 流れ星
étoile(f).................. 星
étonné(e) .... 驚いた
étrange .... ヘンな
étranger................. 海外 / 外国
étranger(ère) .... 外国人
être .... である
  être bien élevé(e) 行儀がいい
  être dans un état grave 重体
  être mal élevé(e).. 行儀が悪い
étroit(e)................. せまい
étudiant(e) .... 学生 / 大学生
étudier................... 勉強する / 研究する
étudier en 〜 .... 〜へ留学する
Europe occidentale(f) 西欧
Europe orientale(f). 東ヨーロッパ
Europe(f)............... ヨーロッパ
européen(ne) .... 西欧の / ヨーロッパ的な
éventail(m)............. 扇子
éviter..................... 避ける
exact(e)................. 正確な
exagéré(e) .... おおげさ
examen(m) .... 検査
excellent(e)............ 優れた
ex-copain(m) .... 元彼氏
ex-copine(m).......... 元彼女
excrément(m)......... 糞
excursion(f)........... ハイキング / 遠足
excuse(f)................ 言い訳 / 弁解
Excusez-moi........... ごめんなさい / 申し訳ない
exemple(m)........... 例
exemption d'impôts(f) 免税
exercice(m)........... 運動 / 練習
ex-femme(f)........... 元妻
existence(f)............ 存在
ex-mari(m) .... 元夫
expéditeur(trice) ... 差出人 / 送金人
expérience(f).......... 経験 / 実験
expliquer .... 説明する
exploser................ 爆発する
exportation(f)......... 輸出
exprès.................... わざと
exprès(m) .... 速達
express(m)............. 急行列車
exprimer................ 表現する

ea → ex

115

F

fabriqué(e) à l'étranger 外国製
fabriquer .... 製造する / つくる
face(f) .... 表 / 正面
facile .... 易しい
facture(f) .... 請求書
faculté(f) .... 学部
faible .... よわい
faim .... お腹がすく
faim(m) .... 空腹
faire .... ～させる / おこなう
　faire caca .... うんちをする (子供)
　faire des efforts pour. 努力する
　faire frire .... 揚げる
　faire la lessive ...... 洗濯する
　faire le ménage .... 掃除する
　faire sauter .... 炒める
　faire tomber .... 落とす
famille(f) .... 家（家庭）
fan .... ファン
fantôme(m) .... オバケ
farine de blé(f) .... 小麦粉
fast-food(m) .... ファストフード
fatigue(f) .... 疲労
　se fatiguer .... 飽きる
être fatigué(e) .... つかれる
faute(f) .... まちがい
faux(fausse) .... 偽の
favoris (m .pl.) .... 頬ひげ
félicitations (f.pl.) .... おめでとう
féliciter .... ほめる
femelle(f) .... メス
femme au foyer(f) .. 主婦
femme enceinte(f).. 妊婦
femme(f) .... 女性 / 妻
fenêtre(f) .... 窓
fer(m) .... アイロン / 鉄
ferme(f) .... 農場
fermer .... 閉める / 閉じる
fermer à clef .... カギをかける
ferry-boat(m) .... フェリー
fesses (f.pl.) .... 尻
fête(f) .... 行事 / 祭日 / 祭り
fêter .... いわう
feu d'artifice(m) ..... 花火
feu(m) .... 信号 / 火
feuille d'érable(f) .... カエデの葉
feuille(f) .... 葉
février(m) 2月
fiançailles (f.pl.) ..... 婚約する
Vous vous fichez de moi! ふざけるな！
fierté(f) .... 誇り
être fier(ère) .... 得意
fil(m) .... 糸 / コード
filet(m) .... ヒレ肉
filiale(f) .... 子会社
fille aînée(f) .... 長女
fille(f) .... 女の子 / 娘
fils aîné(m) .... 長男
fils(m) .... 息子
fin d'études(f) .... 卒業

fin(e) .... 細い
fin(f) .... 終わり / 最後
finalement .... ついに
finir .... 終わる / 済む
flash(m) .... フラッシュ
flatteur(se) .... 口がうまい
fleur(f) .... 花
flotter .... 浮く
flûte(f) .... 笛
foi(f) .... 信仰
foie(m) .... 肝臓 / レバー
fois(f) .... ～回
foncé(e) .... 濃い
fonctionnaire .... 公務員
fond(m) .... 底
fondation(f) .... 設立
football(m) .... サッカー
force(m) .... 力
forêt(f) .... 森、森林
forfait pour la journée(m) 1 日券
formalité(f) .... 手続き
forme(f) .... 形
fort(e) .... つよい
fortune(f) .... 財産
être fou(folle) .... 狂ってる
foudre(f) .... 雷
foulard(m) .... スカーフ
four (m) .... オーブン
fourchette(f) .... フォーク（食器）
fourrure(f) .... 毛皮
fracture(f) .... 骨折
frais de service(m.pl.) サービス料
frais pour un mandat (m .pl.) 送金手数料
frais(fraîche) .... 新鮮な / すずしい
frais (m .pl.) .... 費用
fraise(f) .... イチゴ
français(e) .... フランス人
français(m) .... フランス語
France(f) .... フランス
frapper .... 打つ / たたく
frein(m) .... ブレーキ
frère(m) .... 兄弟 (男の)
froid(e) .... さむい / つめたい
fromage(m) .... チーズ
frontière(f) .... 国境
fruit(m) .... くだもの
fruits de mer (m .pl.) シーフード
fuir .... にげる
fumée(f) .... けむり
fumer .... 喫煙する
funérailles (f.pl.) ..... 葬式
fusil(m) .... 銃
futur(m) .... 未来

G

gagner .... 勝つ
gagner de l'argent(f) 儲ける
gai(e) .... 明るい（性格）
gant(m) .... てぶくろ
garage(m) .... ガレージ

garant(e) .... 保証人
garantie(f) .... 補償
garantir .... 保証する
garçon(m) .... 男の子 / 少年
garder .... 取って置く
gare(f) .... 駅
gaspillage(m) .... ムダづかい
gastrite(f) .... 胃炎
gâteau(m) .... ケーキ
gauche(f) .... 左
gaz(m) .... ガス
gelée(f) .... 霜 / ゼリー
geler .... こおる
les Gémeaux .... ふたご座
généralement .... 一般的に
　se gêner .... 遠慮する
génie(m) .... 天才
genou(m) .... 膝
gentil(le) .... 親切な
gentillesse(f) .... 親切
géographie(f) .... 地理
gérant(e) .... 支配人
gérer .... 経営する
gestion(f) .... 経営
glace(f) .... 氷
glisser .... すべる
glouton(ne) .... 食いしんぼう
golf(m) .... ゴルフ
gomme à effacer(f) 消しゴム
gorge(f) .... 喉
goût(m) .... 味
goûter .... 味見する
gouvernement(m) .. 政府
grain(m) .... 実
graisse(f) .... 脂肪
grammaire(f) .... 文法
gramme(f) .... グラム
grand frère(m) .... 兄
grand lit(m) .... ダブルルーム
grand magasin(m) . デパート
grand(e) .... 偉大 / えらい / 大きい
grande sœur(f) ...... 姉
grandeur(f) .... 大きさ
grandir .... 成長する
grand-mère(f) .... 祖母
grand-père(m) .... 祖父
grands-parents (m .pl.) 祖父母
gras(m) .... 脂身
gratter .... 掻く
gratte-ciel(m) .... 高層ビル
gratuit(e) .... 無料
grec(que) .... ギリシャ系の
grenouille(f) .... カエル
grève(f) .... スト
griller .... 焼く
grillon(m) .... こおろぎ
grippe(f) .... インフルエンザ
gris(e) .... グレー
gris anthracite(m).. チャーコールグレー
gris(m) .... 灰色
gronder .... しかる

(116)

gros intestin(m)...... 大腸
gros(se) .... ふとった
grossesse(f)............ 妊娠
groupe sanguin(m) 血液型
guérir................回復する / 治る
guerre(f)................戦争
gueule de bois(f)... 二日酔い
guichet(m).............売り場
guide touristique(m). ガイドブック
guide(m) ....ガイド
guider.................案内する
gynécologie(f) ....婦人科

H

habiter....................住む
habitude(f) ....習慣（個人的な）
haïr....................嫌う（憎む）
haleine(f)..............息
hall(m)....................ロビー
hamburger(m)........ハンバーガー
handicapé(e)..........身体障害者
harcélement sexuel(m) セクハラ
hardes (f.pl.) ....古着
hardi(e)................大胆な
hasard(m)..............偶然
haut(e) ....高い（高さ）
hebdomadaire........毎週の
hébergement(m)......宿泊
hémorroïdes (f.pl.) .痔
hépatite(f)............肝炎
herbe(f)..................草
héros(héroïne)........英雄
hernie(f) ....ヘルニア
hésitation(f)............迷い
hésiter....................ためらう
heure d'arrivée(f)... 到着時刻
heure de départ(f).. 出発時間
heure(f)................時間（単位）
à l'heure................時間ぴったり
heures d'ouverture (f.pl.) 営業時間
heureusement........幸いにも
heureux(se) ....うれしい / 幸せな
heurter ....ぶつかる
hier.....................昨日
hier soir................昨晩
hindouisme(m).......ヒンズー教
histoire(f)..............歴史
hiver(m) ....冬
homard(m)...........ロブスター
homme d'affaires(m). 実業家 / ビジネスマン
homme(m) ....男 / 人間
Hong-Kong ....香港
honnête.................正直な
honnêteté(f) ....正直
honteux(se) ....はずかしい
hôpital(m)................病院
horaires (m .pl.) ....時刻表
horloge(f)................時計（掛け時計）
horrible...................こわい / ひどい
hors-d'œuvre(m)....前菜
hospitalisation(f) ....入院

hôtel(m) ....ホテル
hôtesse de l'air(f)... 客室乗務員
huile(f)....................油
huit........................8 の
huit(m).....................8
huître(f) ....牡蠣
humeur(f)..............機嫌 / 気分
humide....................しめった
humidité(f)............湿度
humour(m)...............ユーモア
hurler ....叫ぶ（金切り声）
hygiène(f)...............衛生的な
hymne national(m). 国歌
hypertension(f)........高血圧
hypothèse(f)...........仮定

I

ici ....ここ
idéal(m)...................理想
idée(f) ....アイデア / 考え
il...........................彼（代名詞）
il n'y a pas ....ない
île(f)........................島
illégal(e)..................違法な
illégalité(f)...............不法
illustrateur(rice) ..... イラストレーター
ils ....彼ら（代名詞）
imagination(f)...........想像
imaginer..............想像する
imitation(f)...............ニセモノ
imiter.....................マネる
immeuble(m)............ビル
immigration(f)...........移民
impatience(f)..........短気
imperméabilité(f).... 防水
impoli(e)...................失礼な
impopulaire.............人気がない
important(e) ....重要な / 大切
importation(f) ....輸入
importer illégalement 密輸する
impossible.............不可能な / ムリな
impôt(m) ....税金
impression(f)........印象
imprimer................印刷する
impuissance(sexuelle)(f) インポテンツ
incendie(m).............火事
inclination(f) ....お辞儀
inclure ....同封する
incommodité(f).........不便
Inde(m) ....インド
indemniser...............弁償する
indépendant(e) ......独立した
indicatif téléphonique(m) 市外局番
indiquer..................指す
individu(m)............個人
individualisme.........個人主義の
Indonésie(f)...........インドネシア
industrie(f)............工業 / 製造業 / 産業
infirmier(ère).........看護師
inflammation(f).......炎症

inflation(f)..............インフレ
influence(f).............影響
information(f) ....情報
ingénieur(m)...........エンジニア
ingrat(e)................親不孝
ingratitude(f) ....恩知らず
inintéressant(e)......つまらない
innocence(f)..........無罪
innocent(e)............無罪の
inondation(f)..........洪水
inoubliable............忘れられない
inscrire ....記入する
insecte(m)............虫
insecticide(m) ....殺虫剤
insomnie(f)............不眠症
instantané(e)........インスタントの
instituteur(trice)......先生（小学校）
instructions(f.pl.) ....指図
instrument (de musique)(m) 楽器
insuffisant(e)..........不十分な
insuline(f) ....インシュリン
insulter..............ののしる / 侮辱する
intelligence(f) ....知能
intelligent(e)..........頭がいい / かしこい
intensif(ve)............集中的な
interdiction(f)..........禁止
interdit(e)..............禁止された
intéressant(e)........興味をそそる
intérêt(m).............興味
intérieur(m) ....中
intérimaire............派遣社員
international(e)........国際的な
Internet (m)...........インターネット
interrogatif(m) ....疑問詞
intestin grêle(m).....小腸
intestin(m).............腸
intoxication(f) ....食中毒、中毒
inutile ....いらない / 無駄な
inutilisable............使えない
invendu(e).............売れ残り
invention(f)............発明
inverse(m)............逆
invitation(f)............招待
invité(e)................客
inviter ....さそう
irlandais(e)............アイルランド系の
ironie(f) ....皮肉
ironique.................皮肉な（状況など）
islam(m)................イスラム教
issue de secours(f) 非常口
Italie(f)..................イタリア
Italien(ne)............イタリア人
être ivre................酔う

J

jade(m)................ヒスイ
être jaloux(se)........嫉妬する
jamais ....決して
jambe(f) ....脚

gr → ja

117

jambon(m) .... ハム	large...................... 広い	lune de miel(f)........ 新婚旅行
janvier 1月	largeur(f) .... 横	lune(f) .... 月
Japon(m) .... 日本	larme(f) .... なみだ	lunettes de soleil (f.pl.)サングラス
japonais(e) .... 日本人 / 日本の	l'autre jour............. 先日	lunettes (f.pl.)......... メガネ
japonais(m) .... 日本語	lavabo(m)............... 洗面台	luxueux(se)............ ぜいたくな
jardin botanique(m)植物園	laver...................... 洗う	lycée(m)................. リセ / 高校
jardin(m) .... 庭	se laver la figure.. 洗顔する	
jaune(m) .... 黄色	laverie(f) .... コインランドリー	**M**
jazz(m).................... ジャズ	lave-vaisselle(m)..... 皿洗い機	machine(f).............. 機械
je .... 私	lecture(f)................. 読書	magasin de vêtements(m).衣料品店
je vous en prie ...... どういたしまして	légal(e).................. 合法な	magasin(m)............. 倉庫 / 店
jean(m) .... ジーンズ	léger(ère)............... 軽い	magnétoscope(m)..... ビデオデッキ
jeter....................... すてる / 投げる	légumes (m .pl.)..... 野菜	magnifique............. 豪華な / すばらしい
jeu(m).................... ゲーム	lent(e) .... にぶい	mai(m) 5月
jeudi(m).................. 木曜日	lentement............... ゆっくりと	maigre.................... やせた
jeune...................... 若い	lentilles (f.pl.) .... コンタクトレンズ	maillot de bain(m)..水着
jeunes gens(m.pl.). 青年	lequel(m)................. どれ	main(f) .... 手
job(m)..................... アルバイト	lesbienne(f)............ レズビアン	maintenant .... 今
joue(f) .... ほほ	lessive(f)................. 洗剤、洗濯物	maintenir................ 維持する
jouer....................... 遊ぶ / 演奏する	lettre en recommandé(m) ..書留手紙	mairie(f) .... 市役所
jouet(m) .... おもちゃ	lettre(f).................. 手紙 / 文字	mais....................... しかし / けれども
joueur(se)............... 選手	lever....................... 持ち上げる	maïs(m) .... トウモロコシ
jouir....................... たのしむ	se lever............... 起き上がる / 起きる	maison à louer(m)..貸家
jour de fête(m) .... 祝日	lever du soleil(m). 日の出	maison(m).............. 家（建物）
jour de l'an(m) ...... 元旦	lèvre(f) .... くちびる	maîtresse(f) .... 愛人（女）
jour férié(m) .... 休日	libellule(f) .... トンボ	majeur(m)............... 中指
jour(m) .... 日	libéralisation(f) ...... 自由化	mal(m) .... 悪
journal(m) .... 新聞 / 日記	libérer.................... 解放する	mal à l'aise .... 居心地が悪い
journaliste .... ジャーナリスト	liberté(f) .... 自由	mal de mer(m) ..... 船酔い
joyau(m)................. 宝石	librairie(f)............... 本屋	mal de tête(m)..... 頭痛
joyeux(se)............. ゆかい、たのしい	libre....................... 空いている / 自由な	mal de ventre(m) .. 腹痛
juillet(m)................. 7月	libre-service(m)..... セルフサービス	maladie(f).............. 病気
juin(m)................... 6月	licencié(e) .... 首になる（解雇）	maladie chronique(f).持病
jupe(f).................... スカート	lieu(m).................... 場所	maladie contagieuse(f) .伝染病
jus(m)..................... ジュース / 汁	ligne(f).................... 線	maladie mentale(m) 精神病
jusqu'à .... ～まで	limitation(f) .... 制限	maladie vénérienne(f) 性病
jusque-là............... それまで	limite de vitesse(f)..制限速度	maladroit(e) .... 下手
juste....................... ただしい / ちょうど	linge(m).................. 下着	male(m).................. オス
justice(f) .... 裁判所 / 正義	le Lion .... しし座	malentendu(m) ...... 誤解
	lire.......................... 読む	malheureux(se) ..... 不幸な
K	liste d'attente(f)...... キャンセル待ち	mandat(m) .... 為替
kilogramme(m)....... キログラム	lit(m)....................... ベッド	manger .... 食べる
kilomètre(m)........... キロメートル	litre(m) .... リットル	manières (f.pl.)....... マナー
	littérature(f) .... 文学	manque de patience気が短い
L	livre(m)................... 本	manteau(m) .... コート
là............................ あそこ / そこ	livrer....................... 配達する	manuel scolaire(m) 教科書
la veille................... 前日	loger....................... 泊まる	se maquiller .... 化粧する
la Vierge .... おとめ座	loi(f)....................... 法律	marchandise(m)..... 商品
lac(m)..................... 湖	loin......................... 遠い	marché (m) .... 市場
à l'aise .... 居心地が良い	loisirs (m .pl.) .... 余暇	marché aux puces(m).フリーマーケット
laid(e) .... みにくい	long(ue) .... 長い	marcher .... あるく
laine(f).................... ウール	longtemps .... 長い間	mardi(m)................. 火曜日
lait(m)..................... 牛乳	longueur(f) .... 縦	margarine(f)........... マーガリン
lampe de poche(f)..懐中電灯	loquace.................. 口が軽い	mari(m) .... 夫
lampe(f) .... 電灯 / ランプ	loterie(f) .... 宝くじ	mariage(m) .... 結婚
langage(m) .... 言語 / ことば	louer......................	marié(e) .... 既婚
langue parlée(f) ..... 口語	貸す（金を取って）/ 借りる（金を払って）	se marier............... 結婚する
langue(f) .... 舌	lourd(e) .... 重い	marque(f)................ ブランド
l'année prochaine(f).来年	loyer(m) .... 家賃	marron(m)............... 茶色
lapin(m).................. ウサギ	lumière(f) .... 明かり / 光	mars(m) 3月
	lundi(m).................. 月曜日	

mascara(m) .... マスカラ	ministre(m)............. 大臣	naître .... 生まれる
massage(m)........... マッサージ	minorités (f.pl.)....... 少数民族	natation(f) .... 水泳
masturbation(f) .... オナニー	minute(m) .... ～分（時間）	nationalité(f) .... 国籍
match(m) .... 試合	miracle(m)............. 不思議	nature(f)................ 自然
matériel(m) .... 機材	miroir(m) .... 鏡	nausée(f) .... 吐き気
mathématiques (f.pl.) 数学	mise à jour............ アップデート（する）	nécessaire .... 要る
matière(f) .... 素材	mode(f) .... ファッション	négocier................ 交渉する
matin(m) .... 朝	à la mode.............. 流行の	neige(f) .... 雪
ce matin.............. 今朝	modernisation .... 近代化	nerf(m).................. 神経
matinée(f) .... 午前	modifier .... 変更する	nerveux(se) .... 神経質
mature .... 大人の（落ち着いた）	mois(m)................. 月（月日）	être nerveux(se) ..... 緊張する
mauvais(e)............ 悪い	ce mois .... 今月	nettoyage à sec ..... ドライクリーニング
maximum(m)......... 最大	moitié(f)................ 半分	neuf...................... 9つの
méchant(e) .... 意地悪な	mollet(m) .... ふくらはぎ	neveu(m) .... 甥
médecin généraliste(m)内科医	mon(ma)............... 私の	nez(m)................... 鼻
médecin(m)........... 医者	monde(m) .... 世界	niveau moyen(m).... 中級
médical .... 医療（関連）の	monnaie courante(f) 通貨	niveau(m).............. レベル
médicament(m)...... 薬	monnaie étrangère(f) 外貨	noce(f) .... 結婚式
médicament chinois(m) 漢方薬	monnaie(f) .... つり銭	Noël(m)................. クリスマス
médicament contre le rhume(m)風邪薬	montagne(f) .... 山	noir(e).................. 黒い
médicament pour l'estomac et l'intestin(m)... 胃腸薬	monter	nom de famille(m).... 苗字
meilleur(e) ami(e) . 親友	上げる（上に）/ 登る / 乗る	nom et prénom(m). 氏名
le meilleur (la meilleure) 最高の	montre(f) .... 時計（腕時計）	nom(m).................. 名前 / 名詞
mélancolie(f)......... ゆううつ	montrer .... 示す /（～を）見せる	nombre de personnes 人数
melon(m) .... メロン	Montrez!................ 見せて！	nombre(m).............. 数
membre(m)............ 会員	mordre .... 噛む	nombril(m) .... へそ
même.................... 同じ	mort(f).................. 死	non....................... いいえ
mémoire(f) .... 記憶	morue(f)................ タラ	nord(m).................. 北
mémoriser............. 暗記する	morve(f)................. 鼻水	normal(e)............... あたり前
menacer................ 脅迫する	mot(m)................... 単語	norme(f)................. 標準
ménage(m) .... 家事 / そうじ	moteur(m)............. エンジン	note(f)................... 点数 / スコア
mensonge(m) .... うそ	motif(m)................. 動機 / 模様（図柄）	noter .... 書き留める
mensualité(f)......... 月賦	moto(f).................. オートバイ	notoire................... 悪名高い
mensuel(le)(m) ...... 毎月の	mou(molle) .... やわらかい	nouer .... むすぶ
menu(m) .... メニュー	mouche(f) .... ハエ	nourrir .... 食べさせる
mépris(m) .... 軽べつ	mouchoir de papier(m) ティッシュペーパー	nous .... 私たち
mer(f).................... 海	mouchoir(m) .... ハンカチ	nouveau(elle) .... 新しい
merci..................... ありがとう	moule(f) .... ムール貝	nouveaux mariés(m.pl) 新婚
mercredi(m) .... 水曜日	mourir .... 死ぬ	le nouvel an .... 正月
merde(f) .... 大便（俗語）	moustache(f) .... 口ひげ	nouvelle(f)............ 知らせ / ニュース
mère(f).................. 母	moustique(m) .... 蚊	novembre(m) .... 11 月
message(m)........... 伝言	mouton(m)............. 羊	se noyer................ 溺れる
mesure(f) .... 寸法	moyen âge(m) .... 中世	nu(m) .... はだか
mesurer .... 計る	moyen(m) .... 手段 / 方法	nuage(m)............... 雲
météo(f) .... 天気予報	moyenne(f) .... 平均	nuageux................ くもり
mètre(m)............... メートル	en moyenne.......... 平均して	nucléaire .... 核の
métro(m)............... 地下鉄	Moyen-Orient(m) ... 中近東	nuisible .... 有害な
mettre .... 着る / 履く	municipal(e)........... 市立	nuit(f) .... 夜
meuble(m) .... 家具	mur(m).................. 壁	nullité(f)................ 無効
meurtre(m)............ 殺人	muscle(m).............. 筋肉	numéro de place(m) 座席番号
meurtrier(ère) .... 殺人者	musée(m) .... 博物館 / 美術館	numéro de téléphone(m) 電話番号
micro-ondes(m) ..... 電子レンジ	musicien(ne)........... 音楽家	numéro(m).............. 番号
midi(m).................. 正午 / 昼	musique classique(f) クラシック音楽	
miel(m).................. ハチミツ	musique folklorique(f) ク民俗音楽	## O
mignon(ne) .... かわいい	musique(f).............. 音楽	
milieu(m)............... まん中	musulman(e)........ イスラム教徒	nutrition(f) .... 栄養
militaire(m)............ 軍人	myopie(f)............... 近眼	obéir..................... 従う
mille(m)................. 千		obéissant(e).......... 素直
million(m).............. 百	## N	objet perdu(m) ...... 落とし物
mince.................... うすい		objet précieux(m).... 貴重品
minimum(m)........... 最小限	myrtille(f)................ ブルーベリー	objet(m)................. 目標
	nager .... 泳ぐ	obligation(f)........... 恩 / 義務

119

obscène	わいせつな	
obstétricien(ne)	産科医	
obstétrique(f)	産婦人科	
obstination(f)	頑固	
obtenir	得る	
occasion(f)	機会 / 場 / 場合	
Occident(m)	西洋	
Occidental(e)	西洋人	
être occupé(e)	いそがしい	
océan(m)	海 / 大洋	
octobre(m)	10 月	
oculiste	眼科医	
odeur(f)	臭い	
œil(m)	目	
œuf(m)	タマゴ	
œuvre d'art(f)	芸術品	
officiel(le)	正式な / フォーマル	
offrir	贈る	
oignon(m)	タマネギ	
oiseau(m)	鳥	
ombre(f)	影	
omelette(f)	オムレツ	
oncle(m)	おじ	
ongle(m)	爪	
onze(m)	11	
opéra(m)	オペラ	
opération(f)	手術	
opérer	操作する	
ophtalmologie(f)	眼科	
être option(f)	オプションの	
or	ところで	
or pur(m)	純金	
or(m)	金	
orange(f)	オレンジ	
orchestre(m)	オーケストラ	
ordinaire	普通	
ordinateur personnel(m)	パソコン	
ordinateur(m)	コンピューター	
ordonnance(f)	処方箋	
ordre(m)	順序	
ordures (f.pl.)	ゴミ	
oreille(f)	耳	
oreiller(m)	まくら	
Organisation des Nations Unies (ONU)(f)	国連	
Orient(m)	東洋	
oriental(e)	東洋人	
original(e)	変わり者 / 個性的	
ornement(m)	飾り	
os(m)	骨	
oto-rhino-laryngologie(f)	耳鼻咽喉科	
ou	あるいは / それとも / または	
où	どこ	
oublier	忘れる	
ouest(m)	西	
oui	はい（肯定）	
ours polaire(m)	北極熊	
ouvre-boîte(s)	缶切り	
ouvre-bouteilles(m)	栓抜き	
ouvrir	開ける / 開放する / 開く	
oxygène(m)	酸素	

P

le Pacifique(m)	太平洋	
page(f)	ページ	
paiement(m)	支払い	
paille(f)	ストロー	
pain de mie(m)	食パン	
pain(m)	パン	
paix(f)	平和	
palourde(f)	アサリ	
pamplemousse(m)	グレープフルーツ	
pancréas(m)	すい臓	
panier(m)	カゴ	
panneau(m)	看板	
en panne	故障で	
pantalon(m)	パンツ（ズボン）	
pantoufle(f)	スリッパ	
papier à lettres(m)	便箋	
papier de toilettes(m)	トイレットペーパー	
papier(m)	紙	
papiers (m .pl.)	書類	
papillon(m)	蝶	
Pâques(f.pl.)	イースター	
par avion	航空便で	
par exemple	たとえば	
par hasard	偶然に	
paradis(m)	天国	
parapluie(m)	傘	
parc d'attractions(m)	遊園地	
parc national(m)	国立公園	
parc(m)	公園	
parce que	なぜならば	
parent(m)	親	
être dévoué(e) à ses parents	親孝行	
parfum(m)	香り / 香水	
pari(m)	賭け事 / 賭けごと	
parier	賭ける	
parking(m)	駐車場	
parler	話す	
Parlez lentement!...	ゆっくり話して！	
paroles (f.pl.)	歌詞	
participer	参加する	
particulier(ère)	独特な	
partie(f)	部分	
partir	出発する / 発車する	
passage protégé(m)	横断歩道	
passage(m)	通路	
passager(ère)	乗客	
passe(f)	過去	
passeport(m)	パスポート	
passer	越える / 通過する	
passe-temps(m)	趣味	
passif(ve)	受身の	
pastèque(f)	スイカ	
pasteur(m)	牧師	
patate(f)	さつまいも	
pâté(m)	パテ	
patient(e)	患者	
être patient(e)	気が長い	
patinage(m)	スケート	
pâtissier(ère)(f)	菓子屋	
patriote	愛国者	

patriotisme(m)	愛国心	
patte de soja(m)	豆腐	
pause(f)	やすみ	
pauvre	かわいそう / 貧乏な / まずしい	
payant(e)	有料	
payer	支払う	
payer d'avance	前払い	
pays d'origine(m)	原産地	
pays en voie de développement(m)	発展途上国	
pays natal(m)	故郷	
pays(m)	国	
paysage(m)	景色 / 風景	
paysan(ne)	農民	
Pays-Bas(m.pl)	オランダ	
peau(f)	皮膚	
pêche(f)	釣り	
pédiatre	小児科医	
peigne(m)	くし（櫛）	
peindre	絵をかく / 塗る	
à peine	わずか	
peiner	苦労する	
peintre(m)	画家	
peinture abstraite(f)	抽象画	
peinture(f)	絵画	
pelle(f)	シャベル	
pellicule en couleurs(f)	カラーフィルム	
pellicule(m)	フィルム	
pelouse(f)	芝生	
peluche(f)	ぬいぐるみ（動物の）	
pendule(f)	時計（置時計）	
péninsule(f)	半島	
penser	思う / 考える	
pension(f)	寮	
pente(f)	坂	
perdre	うしなう / なくす / 負ける	
père(m)	神父 / 父	
le Père Noël(m)	サンタクロース	
période des règles(f)	生理日	
période(f)	期間	
perle(f)	真珠	
permanente(f)	パーマ	
permis de conduire(m)	運転免許証	
permission(f)	許可	
personne âgée(f)	老人	
personnel(m)	スタッフ	
persuader	口説く	
pervers(e)	変質者	
perversité(f)	変態	
pet(m)	おなら	
pétard(m)	爆竹	
petit déjeuner(m)	朝食	
petit doigt(m)	小指	
petit frère(m)	弟	
petit(e)	ちいさい	
petite fille(f)	少女	
petite monnaie(f)	小銭	
petite sœur(f)	妹	
petite-fille(f)	孫（女）	
petit-fils(m)	孫（男）	
pétrole(m)	石油	
peu aimable	不親切	

120

à peu près	〜くらい	pois(m)	豆	présence(f)	出席
peu sûr(e)	いいかげん	poison(m)	毒	présent(m)	現在
peuple(m)	国民	poisson(m)	魚	présenter	紹介する
peur(f)	恐れ	les Poissons	うお座	préservatif(m)	コンドーム
pharmacie(f)	薬局	poitrine(f)	胸 / 胸板	président(m)	大統領
photo(f)	写真	poivre(m)	コショウ	président-directeur général (P.D.G.)(m) .社長
photocopier	コピーする	pôle arctique(m)	北極	presque	ほとんど
photographe	カメラマン	police(f)	警察	presser	しぼる
phrase(f)	文章	policier(m)	警察官	pression atmosphérique(f). 気圧
piano(m)	ピアノ	polir	みがく	prêt(e)	準備できた
pickpocket(m)	スリ	politicien(ne)	政治家	prêter	貸す（無料で）
pièce(f)	硬貨	politique(f)	政治	preuve(f)	証拠
pied(m)	足	pollution(f)	公害	prévenant(e)	思いやりのある
à pied	徒歩で	polyester(m)	ポリエステル	prévenir	連絡する
pierre(f)	石	pomme de terre(f)	ジャガイモ	prévention(f)	予防 / 防止
pieuvre(f)	タコ	pomme(f)	リンゴ	prévision(f)	予想
pigeon(ne)	鳩	ponctuel(le)	時間に正確	prier	いのる
pile(f)	電池	pont(m)	橋	prime(f)	ボーナス
pilule contraceptive(f) 避妊薬	populaire	人気がある	primitif(ve)	原始的な
piment(m)	とうがらし	population(f)	人口	printemps(m)	春
pingouin(m)	ペンギン	porc(m)	ブタ肉	prise(f)	コンセント
pipi(m)	おしっこ	port(m)	送料 / 港	prison(f)	刑務所
piquant(e)	辛い	porte(f)	ドアー / 門	privé(e)	私立
pique-nique(m)	ピクニック	porte-clef(m)	キーホルダー	prix de location(m). 使用料
piquer	刺す	portefeuille(m)	サイフ	prix(m)	賞 / 賞品 / 値段 / 物価
piqûre(f)	注射	porter	はこぶ	probablement	たぶん
piscine(f)	プール	poser	置く	problème de l'environnement(m). 環境問題
pissenlit(m)	たんぽぽ	positif(ve)	積極的	problème(m)	問題
pizza(f)	ピザ	position(f)	地位	prochain(e)	次
place non réservée(f) 自由席	possible	可能	la prochaine fois	この次
place réservée(f)	予約席	poste d'essence(m). ガソリンスタンド	le mois prochain	来月
place(f)	座席 / 広場	poste(f)	郵便	la semaine prochaine 来週
plafond(m)	天井	pot-de-vin(m)	わいろ	le plus proche	最寄の
se plaindre	苦情を言う	poterie(f)	陶器	production(f)	生産
plan	計画	potiron(m)	カボチャ	produire	生産する
plan de lignes(m) 路線図	pot-pourri(m)	メドレー	produits de beauté(m.pl) 化粧品
plante(f)	植物	poubelle(f)	ゴミ箱	professeur(m)	先生（中学以上）
plastique(m)	プラスチック	poudre(f)	粉	professionnel(le)	プロ
plat principal(m) メインディッシュ	pouls(m)	脈拍	profiter	得する
platine(f)	プラチナ	poumon(m)	肺	profond(e)	深い
plein	いっぱい	poupée(f)	人形	programme(m)	プログラム
pleurer	泣く	pour la première fois はじめて	projet(m)	予定
plier	折る / たたむ	pourboire(m)	チップ	prolonger	延長する
plongée(f)	ダイビング	pourquoi	なぜ？	promenade(f)	散歩
pluie(f)	雨	pourrir	腐る / 腐った	promesse(f)	約束
plus âgé(e)	歳上の	poursuivre	訴える / 追う	prononciation(f)	発音
plus de	〜以上	pousser	押す	proposition(f)	提案
plus jeune	歳下の	poussière(f)	ホコリ	propre	清潔な
pluvieux	雨がちの	pouvoir	〜できる	propriétaire	持ち主
pneu(m)	タイヤ	pratique	便利 / 実用的な	prospérité(f)	繁栄
pneumonie(f)	肺炎	préjugé(m)	偏見	prostituée(f)	売春婦
pneu-neige(m)	スノータイヤ	premier étage(m)	二階	prostitution(f)	売春
poche(f)	ポケット	Premier ministre(m). 首相	protection(f)	保護
poêle(f)	フライパン	premier(ère)	いちばん	protéger	ふせぐ
poème(m)	詩	première classe(f). ファーストクラス	protestant	プロテスタント
poids(m)	重さ / 体重	prendre	取る	protester contre	抗議する
poignet(m)	手首	prendre sa chambre チェックイン	proverbe(m)	ことわざ
poils du pubis(m) アンダーヘア	se préoccuper de… 気になる	provincial(e)	田舎の
point de vue(m)	見方 / 観点	préparer	準備する	prudent(e)	注意深い / 慎重な
point faible(m)	不得意	près	近い	psychiatrique(m)	精神科
poire(f)	梨	presbytie(f)	老眼	

psychologie(f) ....心理学
public(que)............公共の
publication(f)........出版物 / 発行
publicité(f)............広告
publier..................発行する
puissance(f)...........パワー
pur(e)...................純粋な
purgatif(m)............下剤

Q

quai(m) ....船着き場
qualification(f) ....資格
qualité(f)...............質 / クオリティー / 長所
quand....................いつ
quantité(f) ....量
quatorze(m) 14
quatre ....4 の
quatre saisons (f.pl.)四季
quatre(m)..............4
Quelle heure est-il?何時？
quelque part..........どこか
quelques...............いくつかの
querelle(f)............ケンカ
question(f)............質問
queue de cheval(f).ポニーテール
qui.......................だれ
quinze(m)..............15
quitter..................去る / わかれる
 quitter l'hôpital .....退院する
 quitter sa chambre.チェックアウト
Quoi?....................なに？
quotidien(ne).........毎日の

R

raccompagner.......見送る
race(f).................人種 / 民族
racial(e)................人種的な
racisme(m)............人種差別
radio(f)................ラジオ
rage(f)..................狂犬病
raisin(m)...............ブドウ
raison(f)...............理由
ramasser...............拾う
rancune(f) ....うらみ
randonnée à bicyclette(f) サイクリング
ranger ....かたづける
rapide...................速い
se rappeler............思い出す
rapports sexuels(m.pl) 性交
rare ....稀な / めずらしい
rarement ....めったに〜ない
raser ....剃る
rasoir(m) ....カミソリ
rassemblement(m) 集まり
rassembler............集める
 se rassembler.....集まる
rayé......................ストライプの
rayons X (m .pl.) .... レントゲン
réaffirmer ....再確認する
récemment............最近

réception(f) ....受付 / フロント
recevoir.................受け取る / もらう
recommandation(f) 推薦
recommandé(m).....書留
recommander ....推薦する
record(m)..............記録
reçu(m) ....領収書
réduction(f) ....割引き
réduire ....ちぢむ
réfrigérateur(m).....冷蔵庫
refugié(e) ....難民
refuser ....ことわる
regarder................見る / 覗く
régime(f)...............ダイエット
région(f)................地域
règle(f).................規則
réglementation(f) .. 規制
règles (f.pl.)...........生理
regretter................後悔する
rein(m).................腎臓
reins(m.pl)............腰
relation(f) ....関係
relations (f.pl.).......交際
se relaxer..............リラックスする
relever..................起こす
religion(f)..............宗教
remboursement(m) 払い戻す
remercier ....感謝する
remise(f)...............値引き
remplacer.............代わる
remuer ....かきまぜる
rémunération(f)......謝礼
rendez-vous(m) .....デート / 待ち合わせ
rendre ....返す
rendre visite à ....訪れる
rendu(m)...............返品する
renoncer ....あきらめる
rentrée(f)...............新学期
rentrer ....帰る
renverser ....こぼす
 être renversé(e)... 気が動転する
réparer ....修理する / 直す
repas à emporter(m)テイクアウト
repas(m)...............食事
répéter ....くり返す
replacement(m) .....代理
répondre ....答える
réponse(f)..............解答 / 返事
reporter ....延期する
repos de midi(m)....昼休み
repos(m)...............休憩
se reposer.............やすむ
reprise(f) ....下取り
réputation(f)..........評判
réservation(f) ....予約
réserver ....予約する
respecter ....尊敬する
responsabilité(f)......責任
responsable ....責任がある
ressembler ....似ている
ressources (f.pl.).... 資源

restaurant(m)........レストラン
reste(m) ....のこり
rester ....居る
restructuration(f) ... リストラされた
résultat(m) ....結果
résultats(m.pl).......成績 / 出来
retourner..............戻って行く
retourner dans son pays.帰国する
retraite(f)...............引退 / 退職 / 年金
réunion(f)..............会議
réussir..................合格する / 成功する
rêve(m) ....夢
se réveiller ....起きる（目覚める）
se revenir..............覚えている
revenir..................戻って来る
revenu annuel(m) .. 年収
revenu(m)..............収入 / 所得
rêver ....夢を見る
rêver de ....あこがれる
revoir....................再会する
Révolution française(f) フランス革命
révolution(f)...........革命
revue(f)................雑誌
rez-de-chaussée(m) 1 階
rhubarbe(f)............ルバーブ
rhumatisme(m) ...... リューマチ
rhume(m)..............風邪
riche.....................金持ち
richesse(f)............ゆたか
ride(f) ....皺
rideau(m) ....カーテン
rire ....わらう
rivage(m)..............海岸
rivière(f) ....川
riz cuit(m)..............ごはん
riz gluant(m)..........もち米
riz(m)...................稲 / 米
robe(f)..................ワンピース
robinet(m) ....栓（ガス・水道の）
roche(f)................岩
rock(m)................ロック
roi(m) ....王様
roman(m)..............小説
rond(e)................まるい
ronflement(m) ....いびき
rose(m)................ピンク
rot(m)..................ゲップ
rouge ....赤い
rouge(m)..............口紅
rougeole(f)............はしか
rougir..................赤面する
rouler ....巻く
route(f).................道路
rubis(m) ....ルビー
rue(f)...................通り
rumeur(f)..............噂
ruse(f)..................ずるい
Russie(f) ....ロシア

S

sable(m)................砂

sac à main(m)........ハンドバッグ	seconde classe(f) .. 2等	sirop(m) ....シロップ
sac(m)...................カバン	secours(m)............救助	site célèbre(m)........名所
sacrifice(m)............犠牲	secret(m)...............秘密	site touristique(m) ..観光地
saignement(m).......出血	secrétaire...............秘書	six(m)....................6
le Sagittaire...........いて座	sécurité(f)..............安全	skateboard(m).......スケートボード
la Saint-Valentin(f) .バレンタイン・デー	sécurité publique(f) 治安	ski de fond(m)........クロスカントリースキー
saison(f)................季節	sein(m)..................胸 / 乳房	ski(m)....................スキー
saisonnier(ère) ......季節の	seize ....16 の	s'occuper de.........世話する
salade(f)................サラダ	séjour(m)..............滞在	société anonyme(f) 株式会社
salaire mensuel(m) 月給	sel(m).....................塩	société(f)...............社会
salaire(m)..............給料 / 賃金	semaine(f)............週	sociologie(f)..........社会学
salarié(e)...............会社員	s'embrasser...........抱き合う	soda(m) ....ソーダ
sale......................きたない	semestre(m)...........半年	sœurs(f.pl.) ....姉妹
se salir ....よごれる	s'énerver...............イライラする	soie(f)....................絹 / シルク
salé(e)..................しおからい	s'engourdir............しびれる	soins (m .pl.) ....手当て
salive(f).................唾液	sens(m)..................意味	soir(m)...................晩 / 夕方
salle à manger(f)....食堂	sensation(f)............感覚	ce soir ....今晩 / 今夜
salle d'attente(f).....待合室	s'entendre bien avec ～と気が合う	soirée(f) ....パーティー
salle de bain(f)......バスルーム	sentiment(m)..........感情 / 気持ち	soja(m)..................大豆
salle de cinéma(f) ..映画館	sentir....................感じる	sol(m)....................地面 / 土 / 床
salon(m)................居間	sentir bon..............いい香りがする	soldat(m)...............兵士
salon de beauté(m) エステ	sentir mauvais ....くさい	solde(m)................セール / 特売 / 安売り
salon de coiffure(m).美容院	sept(m) 7	soleil(m).................太陽
salut(m).................あいさつ	septembre(m).........9 月	solide ....丈夫
samedi(m)..............土曜日	sérieux(se)............深刻 / まじめ	solitaire ....孤独な
sandale(f)..............サンダル	serpent(m) ....ヘビ	solution(f)..............解決
sandwich(m) ....サンドイッチ	serré(e) ....キツイ（洋服など）	sombre...................暗い
sang(m) ....血	serrer ....締める	sommeil(m)............睡眠
sans profession .....無職	serveur(m).............ウエイター	somnifère(m) ....睡眠薬
santé(f)..................健康	serveuse(f).............ウエイトレス	son(m)...................音
(À votre) santé!.....乾杯！	service compris.....サービス料込みで	sonner...................鳴る
saphir(m)...............サファイア	service(m)..............サービス	sorte(f)..................種類
s'arrêter ....止まる	serviette(f).............タオル	sortie du pays(f).....出国
s'asseoir ....すわる	sésame(m).............胡麻	sortie(f).................出口
satisfaction(f) ....満足	s'étonner...............おどろく	sortir.....................遊びに行く / 外出する
sauce de soja(f)..... しょうゆ	seul(m)..................一人で	souci(m)................悩み
sauce(f).................ソース	s'évanouir ....気を失う / 失神する	se soucier de......気にする
saucisse(f) ....ソーセージ（加熱して）	sévère....................きびしい	soudain.................突然
saucisson(m) ....ソーセージ（そのまま）	s'exciter ....興奮する	souffrir..................苦しむ
sauf......................～以外	s'excuser ....謝る	souhait(m).............望み
saumon fumé(m) ...スモークサーモン	sexe masculin(m) ..男性器	souhaiter ....望む
saumon(m) ....鮭	sexe(m)..................性	soupe(f).................スープ
sauna(m) ....サウナ	sexisme(m)............性差別	sourcil(m)..............まゆげ
sauté(e).................ソテー	sexy ....セクシー	sourire(m)..............笑顔 / ほほえみ
sauver...................救助する	s'habituer..............慣れる	souris(f).................ネズミ
savon(m)................セッケン	shampoing(m).......シャンプー	sous ....下
scandale(m)...........スキャンダル	si ～ (alors ～)......もし～ならば	souscription(f).......申し込み
sceau(m)................印鑑	sida(m)..................エイズ	sous-sol(m)...........地下
scène(f).................舞台	siècle(m)...............世紀	sous-titre(m)..........字幕
science(f)...............化学	siège côté couloir(m) 通路側の席	soutien-gorge(m) ...ブラジャー
le Scorpion............さそり座	siège côté fenêtre(m) 窓側の席	souvenir(m)...........思い出 / みやげ / 記念
score(m) ....得点（試合の）	signature(f)............サイン	souvent.................しばしば
scotch(m).............セロテープ	s'il vous plaît........どうぞ～して下さい	spaghetti(m.pl.).....スパゲッティー
sculpture(f)............彫刻	simple ....簡単な / 質素な	sparadrap(m)........バンソウコウ
se vanter...............自慢する	simple recommandé(m)..簡易書留	spécial (e) ....特別
seau(m).................バケツ	sincérité(f).............誠意	spécialité(f)...........専門 / 特産物
sec(sèche)............乾燥した	singe(m)................サル	sport(m)................スポーツ
sèche-cheveux(f).ドライヤー	s'inquiéter ....心配する	stade(m) ....競技場 / スタジアム
sécher...................乾く / 干す	s'intéresser ....興味がある	stage(m)................研修
séchoir(m).............乾燥機	s'intéresser à........気がある	stand(m) ....屋台
second fils(m) ....次男	sirop d'érable(m) ...メープルシロップ	station de ski(f) ......スキー場

station de taxis(f) ... タクシー乗り場	
stationner................. 駐車する	
statue bouddhique(f) 仏像	
statue(f) .... 像	
steak(m)................. ステーキ	
stéréo(f) .... ステレオ	
stress(m)................. ストレス	
stressé(e)............... ストレスのたまった	
strip-tease(m) .... ストリップショー	
studio(f)................. 撮影所	
stupide .... 頭の悪い	
stylo(f)................... ペン	
sucré(e) .... あまい	
sucre(m) .... 砂糖	
sucrerie(f) .... 菓子	
sud(m) .... 南	
sueur(f) .... 汗	
suffire.................... たりる	
suicide(m) .... 自殺	
Suisse(f) .... スイス	
suivre .... 後をつける	
superficie(f)............. 面積	
supérieur(m) .... 上司	
supermarché(m) .... スーパーマーケット	
superstition(f).......... 迷信	
supplément(m)....... 追加する	
supporter .... 我慢する / 耐える	
supposer .... 推測する	
supprimer.............. 除く	
sur......................... 上	
sur place.............. 現地の	
sûr(e) .... 安全な / 確かな	
sûrement................ 必ず	
surf(m) .... サーフィン	
surgelé(s) (m .pl.) .. 冷凍の	
surnom(m) .... 愛称	
surprendre .... 驚かせる	
surtout................... 特に	
symbole(m)............ 象徴	

T

table(f) .... 机	
tache(f) .... 染み	
taciturne................ 口が重い	
taille(f).................. サイズ / 身長	
tailler .... 削る	
tailleur(m) .... スーツ（女性用）	
Taiwan(f)................ 台湾	
talent(m) .... 才能	
talons hauts (m .pl.) ハイヒール	
tampon(m) .... タンポン	
tante(f) .... おば	
tard .... おそい	
tarif(m) .... 料金 / 運賃	
tarifs postaux (m .pl.) 郵便料金	
tarte(f) .... パイ	
le Taureau.............. おうし座	
taux(m) .... レート	
taxi(m)................... タクシー	
technique(f)........... 技術	

teindre................... 染める	
télécarte(f) .... テレホンカード	
télécopie(f)............. ファクス	
téléphone international(m). 国際電話	
téléphone interne(m) 内線	
téléphone mobile(m) 携帯電話	
téléphone publique(m) 公衆電話	
téléphone(m) .... 電話	
téléphoner............. 電話する	
télévision(f) .... テレビ	
témoin(m) .... 証人	
température(f)........ 温度 / 気温 / 体温	
tempête de neige(f) 吹雪	
temple(m) .... 寺院	
temporaire .... 臨時の	
temps libre(m)..... ひま	
temps(m)............... 時間 / 時 / 天気	
être à temps.......... 時間に間に合う	
tenace................... しつこい	
tendance(f) .... 傾向	
tendre .... 優しい	
tennis(m) .... テニス	
tension artérielle(f). 血圧	
terrain(m) .... 土地	
terre(f)................... 大地 / 地球 / 陸	
territoire(m)........... 領土	
test(m) .... テスト	
testicule(m)............ 睾丸	
tétanos(m)............. 破傷風	
tête(f).................... 頭	
Thaïlande(f) .... タイ	
thé chinois(m)........ 中国茶	
thé(m) .... 紅茶 / 茶	
théâtre(m) .... 演劇	
thermomètre(m)..... 体温計	
thon(m) .... マグロ	
tibia(m)................... すね	
ticket(m)................. 切符	
tigre(m) .... トラ	
timbre(m) .... 切手	
timide .... 内気な	
être timide............. 気が弱い	
tirage supplémentaire(m) 焼き増し	
tirer .... 撃つ / 奪う / 引く	
tiroir(m) .... 引き出し	
tissu(m)................. 布 / 織物	
titre(m) .... 題名	
toast(m) .... 乾杯 / トースト	
toi......................... おまえに / 君に	
toilettes(f.pl.) .... トイレ	
toilettes à chasse d'eau (f.pl.)... 水洗トイレ	
toilettes publiques (f.pl.).. 公衆トイレ	
toit(m) .... 屋根	
Tokyo .... 東京	
tomate(f) .... トマト	
tombe(f)................. 墓	
tomber .... 落ちる / ころぶ / たおれる	
tomber en panne ... 故障する	
ton(ta) .... おまえの / 君の	
tortue(f) .... 亀	
tôt......................... 早い	

toucher.................. さわる	
toujours................. 相変わらず / いつも	
toupet(m) .... 前髪	
tourisme(m) .... 観光	
touriste.................. 観光客	
tourner .... 回す	
tournevis(m)........... ドライバー	
tous (toutes) (m .pl./f. pl.) 全部	
tous les deux jours 1 日おき	
tout(m) .... すべて	
tout à l'heure.......... さっき	
tout de suite .... すぐに	
tout le monde ... 全員 / 皆 (みな)	
toute la vie .... 一生	
toux(f) .... 咳	
trachéite(f) .... 気管支炎	
tradition(f).............. 伝統	
traducteur(trice)..... 通訳者 / 翻訳者	
traduction(f)........... 通訳する	
traduire .... 翻訳する	
trahir .... 裏切る	
train(m) .... 鉄道 / 電車 / 列車	
traité(e)................. 条約	
traitement(m) .... 診療 / 治療する	
tranche(f) .... スライス	
tranquillisant(m)..... 精神安定剤	
tranquillité(f)........... 安心	
transmettre .... わたす	
travail(m)................ 仕事	
travailler .... はたらく	
travailler dur........... がんばる	
travailleur(se)......... 労働者	
travaux (m .pl.)....... 工事	
traverser .... わたる	
treize(m) 13	
tremblement de terre(m). 地震	
trente .... 30 の	
trente(f)................. 30	
très........................ たいへん	
trésor(m) .... 宝	
triangle(m) .... 三角	
tribunal(m) .... 裁判所	
tricher sur.............. ごまかす	
tricherie(f).............. カンニング	
triste...................... さびしい / 悲しい	
trois(m) 3	
troisième classe(f) . 3 等	
tromper .... だます	
trottoir(m) .... 歩道	
trou(m) .... 穴	
trouver .... みつける	
truite(f) .... マス (魚)	
T-shirt(m) .... T シャツ	
tu.......................... おまえ	
tuberculose(f)......... 結核	
tuer .... 殺す	
tumeur(f)................ 腫瘍	
tunnel(m) .... トンネル	
typhlite(f)............... 盲腸炎	
typhon(m) .... 台風	
typhus(m)............... チフス	

U

ulcère duodénal(m) 十二指腸潰瘍
ulcère gastrique(m) 胃潰瘍
ulcère(m) 潰瘍
un peu 少し
un quart 四分の一
un tiers 三分の一
un(e) 1
une fois 1回
une journée(f) 1日中
une mauvaise langue 口が悪い
une semaine(f) 1週間
uniforme(m) ユニフォーム
unilatéralement 一方的に
univers(m) 宇宙
université(f) 大学
urbain(e) 都会の
urgence(f) 緊急
urine(f) 尿
urticaire(f) じんましん
usine(f) 工場
être utile 役に立つ
utilisable 使える
utiliser つかう

V

vacances d'été (f.pl.) 夏休み
vacances(f.pl.) 休暇
vagin(m) 女性器
vague(f) 波
valeur(f) 価値 / 値打ち
valide 有効な
valise(f) スーツケース
vallée(f) 谷
se vanter 自慢する
varié(e) いろいろ
vase(m) 瓶（カメ）
veau(m) 子牛
vedette(f) スター
végétarien(ne) ベジタリアン
vélo(m) 自転車
vendre 売る
vendredi(m) 金曜日
venir 来る
venir de 出身（～から）
vent(m) 風
venteux(se) 風の強い
ver parasite(m) 寄生虫
vérifier たしかめる
vérité(f) 真実
vernis à ongles(m) マニキュア
verre(m) グラス / コップ
le Verseau みずがめ座
vert(m) 緑色
vertige(m) 眩暈
vessie(f) 膀胱
veste(f) 上着
vestiges (m .pl.) 遺跡
vêtement(m) 服
vétérinaire 獣医

(homme)veuf(m) 男やもめ
veuve(f) 未亡人
viande rouge(f) 赤身（肉の）
viande(f) 肉
victoire(f) 優勝
vie(f) 人生 / 命 / 生活
vierge(f) 処女
Viêt-Nam(m) ベトナム
vieux(vieille) 古い / 年取った
village(m) 村
ville(f) 市 / 都市 / 町 / 街
vin blanc(m) 白ワイン
vin rouge(m) 赤ワイン
vin(m) ワイン
vinaigre(m) 酢
vinaigrette(f) ドレッシング
vingt(m) 20
vinyle(m) ビニール
violation(f) 違反
violet(m) 紫
violoncelle(m) チェロ
visa(m) ビザ
visage(m) 顔
viser à （…を）目指す
visite(f) 見学する
visiter 訪問する
visiteur(se) 訪問者
vison(m) ミンク
vitesse(f) スピード
vitrail(m) ステンドグラス
vivant 生きている
vivre 生きる
vocabulaire(m) 語彙
voilier(m) ヨット
voir 会う
voisin(e) 近所の人 / 隣
voisinage(m) 近所
voiture de location(f) レンタカー
voiture réservée(f) 座席指定車
voiture(f) 車
voix(f) 声
vol(m) 盗難
volaille(f) とり肉
volcan(m) 火山
volé 盗まれた
voler 飛ぶ / 盗む
voleur(se) 強盗 / 泥棒
volontaire ボランティア
voltage(m) 電圧
vomir 吐く
vote(m) 投票
votre あなたの / あなたのもの
vouloir 欲しい
vous あなた / あなたたち
voyage organisé(m) ツアー / パックツアー
voyage(m) 旅行
voyager 旅行する
voyageur(se) 旅行者
voyant(e) ハデな
vrai(e) ほんもの

vraiment ほんとうに
vue(f) 眺め
vulgaire 下品な

W

wagon-restaurant(m) 食堂車
week-end(m) 週末
western(m) 西部劇
whisky ウイスキー

Y

yaourt(m) ヨーグルト
yen japonais(m) 日本円

Z

zéro(m) ゼロ
zoo(m) 動物園

125

あとがき

つい先日、2年半ぶりにフランスへ行ってきました。

2年半前、フランスのいたるところで号泣して、ドラマのシーンのようなことを繰り返して帰国した人騒がせな私でしたが、久しぶりに訪れたパリ。とても強く思ったのが2年半前から何も変わっていなかったということ。たかだが2年半。当たり前といえば当たり前ですが、やはりファッションの街、世界で一番海外観光客の多い国フランスですから、もっと流行などで変化しているのかと思っていました。

唯一変わっていたことといえば、コンコルド広場に設置された観覧車とエッフェル塔の夜のイルミネーションくらいでしょうか。でもこれも期限付きらしく、これらがなくなれば、また元のパリに戻るはず。簡単に変わらない長い歴史を感じました。

パリについた日は、時差ぼけに苦しみながらも、友達のイザベルとおしゃれなビーポールとサンミッシェルのクラブに出かけました。イザベル曰く、そのクラブは今とても人気があるとかで、おしゃれした人たちでいっぱいでした。

学生時代、学食やカフェばかりを愛用していてできなかった、いくつか星がついた贅沢なレストランにも今回は出かけてみました。

そこには平日のお昼にもかかわらず、小学生ぐらいの男の子が蝶ネクタイをして着飾った両親に連れられて食事に来ていました。お父さんと厚さ10cmぐらいもあるワインリストを見ている姿を見ながら思いました。"みんな平等"と唱えるフランスですが、こうやって裕福な家庭では小さい頃からきちんとしたテーブルマナーを学び、そしてどんなところでも物怖じしない振る舞いを身につけていくのだなと。

いろいろな味のあるフランス。この本の話をいただいた時、はじめてフランスに着いて、右も左もわからずに片言のフランス語と手のひらに入るぐらいの辞書を片手にフランス人と何時間も語り合ったことを思い出しました。そんな出会いが5年間というフランス滞在をつくりあげてくれました。今でも出会った人々に感謝の気持ちでいっぱいです。

この本が私の宝物の小さな辞書のように、フランスでの思い出をつくるきっかけに、そしていっぱいの素敵な出会いのお手伝いになれたらと心から思っています。

2001年5月
大峡晶子

[第二版] あとがき

今回第2版のお話を頂いたときにまず頭に浮かんだのはあとがきに何を書こうかということ。

早いもので第1版から早4年。皆さまのおかげで第2版をこうして出版することができました。

私事ですが、先日第1版のあとがきに書いた友人のイザベルの結婚の立会人をするために、フランスまで行ってきました。

今回はその時の様子とフランスの結婚式について簡単に書きたいと思います。

フランスで結婚をする場合は、市役所で、市長（あるいは市長代理）の前で式をしなくてはなりません。

この式のためには、市長のアポイントをとり、住民票や戸籍謄本など書類を提出します。日時が確

定した後、私は立会人としての証明書（Attestation）と身分証明書の提出をしました。

それだけで、まるで自分が結婚するかのような気分になりました。

　書類が提出されると、市役所に2人が結婚する予定であること、それに異議があれば申し立てを、という張り紙が掲示されます。

　これは慣例のものなのですが、それでも必ず確認（彼女のお父さんが、異議申し立てがないかどうかを確認していました）。

　当日はフランス国旗色のたすきをかけた市長が2人の履歴等の説明をし、宣誓。そして本人と立会人、市長がサインをし、指輪交換、キス、家族手帳、結婚証明書が手渡されおしまい。30分ぐらいの長さでした。

　この後は、各自の希望で、教会等の宗教的式、パーティーなどを行います。

　市役所での結婚式での感想は、私は日本の厳かでシーンとした式を想像していたので、市長が私にまでも笑顔で話したり、写真のためにポーズをとってくれたり……リラックスしたなかでの式で少し驚きました。それでも、2人が結婚を誓っている時、サインをした時は、やはり胸が熱くなりました。

　日本の結婚届けが悪いとは言いませんが、普通に暮らしていたら市長に会うことも、何かの式を共にすることもないでしょうから、一生の中で、最も大切な日の一つである結婚の日を市長に祝ってもらい、時間を共有できるのは、すばらしいことだと思いました。当事者でない私でさえも、市長とビズ（！）をし、遠い所から来たので……と本をいただき、何ものにも代えられない経験となりましたから。

　この場を借りて簡単に結婚について書かせてもらいましたが、ちょっと欲をだして……第3版ではフランスの育児事情を書けたらいいなと願っております。

2006年1月

大峡晶子

[第三版] あとがき

　第2版から長い年月が過ぎ今回第3版を発行できることを心から感謝しています。

　第1版、第2版に登場したイザベルが子供を連れて日本に来日、長期の休暇を一緒に過ごした時のこと。私が思ったのは、休み中に勉強しなくて大丈夫なのかな？　ということでした。その時に、フランスでは平等を大切にするべく小学校では宿題が禁止されていることを知りました。

　日本とフランス、学ぶタイミングややり方が違うだけでどちらが良いわけでも悪いわけでもありませんが、自由研究やドリルの事を思いながらの夏休みを過ごした私は、宿題や勉強に追われることなく長期の休みを家族で満喫している様子にうらやましい気持ちがしました。

　ネットでなんでも調べられる今日ですが、先日私の本を知っていますというフランス留学をしていた方と会い嬉しい気持ちになりました。皆さんがこの本を手にフランスの滞在が実りあるものになりますように心から願っています。

2024年10月

大峡晶子

著者 ◎ 大峽晶子（おおはざま・あきこ）

はじめて小学生のときにフランスを訪れ、独特な街のにおい、色、空気にすっかり魅了され、以来フランスの虜に。
日本に帰ってきて早8年。今でも年に1回はふらっとフランスへ。とくに田舎町でおいしいものを食べるのが最高の幸せ。
パリでも田舎の町でも、どこでも皆が気楽に話しかけてくれて、フランスの良さを毎回実感。
先日、フランスからの電話で「ピンクの本を見ましたよ」といわれ、びっくりするやら幸せになるやら。
アメリカの州立大学ビジネス科卒業後、カナダでの短期留学を経て、渡仏。ストラスブール大学大学院、パリ第7大学大学院人文科学科博士課程前期卒業。5年間のフランス留学を終え帰国。東京生まれ。

イラスト　もり谷ゆみ
　　　　　http://yumim.com

　ブック　佐伯通昭
デザイン　http://www.knickknack.jp

地図制作　ワーズアウト（表紙裏・P18 パリ）
　　　　　高木宏美（P20 メトロ）

┌──────────────────┐
│ **【編集部より読者の皆さんへ】** │
│ 指さし会話帳シリーズは生きた │
│ 言葉の収録を特徴としていま │
│ す。その中にはスラング的なも │
│ のも含まれます。どんな言葉も、 │
│ 話す相手や会話の流れ、意図に │
│ よって良くも悪くもなります。 │
│ 会話の際には、相手へのリスペ │
│ クトを大事にしてください。 │
└──────────────────┘

ここ以外のどこかへ！
旅の指さし会話帳⑰フランス［第三版］

2001 年	6 月	5 日	第一版第 1 刷
2005 年	12 月	2 日	第一版第 25 刷
2006 年	2 月	8 日	第二版第 1 刷
2020 年	3 月	10 日	第二版第 24 刷
2024 年	11 月	26 日	第三版第 1 刷

著者 ─────────────
大峽晶子

発行者 ─────────────
田村隆宗

発行所 ─────────────
株式会社ゆびさし
〒 151-0053 東京都渋谷区代々木 1-30-15
　　　　　　天翔代々木ビル S607
電話 03-6324-1234
http://www.yubisashi.com

印刷 ─────────────
モリモト印刷株式会社

©2001,2006,2024 Akiko Ohazama
ISBN978-4-7958-5383-6
落丁本、乱丁本はお取替えいたします。

※「旅の指さし会話帳」及び「YUBISASHI」は、
（株）ゆびさしの登録商標です。
※「YUBISASHI」は国際商標登録済みです。